평화롭다는 것

평화롭다는 것

2013년 4월 5일 초판 1쇄 펴냄
2014년 5월 10일 초판 2쇄 펴냄

글 | 김경선
그림 | 강화경
기획 | 길도형
펴낸이 | 길도형
디자인 | 여현미
인쇄 | 영프린팅
제책 | 진성바인텍
펴낸곳 | 장수하늘소
출판등록 | 제406-2007-000061호
주소 | 경기도 파주시 문발동 617-12 1층
전화 | 031-957-1342
팩스 | 031-957-1343
E-mail | jhanulso@hanmail.net
Copyright ⓒ 장수하늘소, 2012

ISBN 978-89-94627-32-8 74330
        978-89-962802-7-9 (세트)

책값은 뒤표지에 있습니다.
파손된 책은 구입한 서점에서 바꾸어 드립니다.
이 책 내용의 무단 전재 및 복제를 금합니다.

초등학생이 꼭 만나야 할 민주사회 이야기

평화롭다는 것

철원 노동당사 앞에서

글·김경선 | 그림·강화경

장수하늘소

머리말

평화로운 세상을 꿈꿔 보아요!

　우주에서 바라본 지구는 푸른빛이 감도는 정말 아름다운 별이에요. 그런데 이 지구에서 아주 많은 일이 일어나고 있습니다. 어린아이들이 험하고 힘든 일에 내몰리기도 하고, 같은 나라 사람들끼리 전쟁을 벌이는 것도 모자라 그 전쟁을 막겠다고 다른 나라 군인들이 쳐들어오기도 합니다. 또 사람들은 인종과 성별을 차별하며 서로에게 고통을 주기도 하지요. 이 밖에도 우리의 가슴을 아프게 만드는 일들은 아주 많습니다.

　사람들은 이런 문제들을 해결하기 위해 나라 간에 경제 협력을 하거나 군사력을 쌓고, 차별 금지법을 만들기도 합니다. 그렇지만 이런 문제들이 금방 사라지는 것은 아닙니다. 과연 강력한 힘과 법이 문제를 해결할 수 있을까요?

　우리는 아기가 웃는 얼굴을 보면 저절로 미소를 띱니다. 아기의 해맑은 웃음이 보는 사람까지 행복하게 만들어 주는 것이지요. 좋은 세상을 만드는 일도 마찬가지입니다. 강력한 힘과 법보다는 사람에게서 사람으로 나누어지는 평화로운 마음이 있을 때 가능하지 않을까 생각합니다.

평화는 사람을 웃게 만듭니다. 그리고 웃음을 나누게도 하지요. 사람마다 평화의 소중함을 마음속에 새긴다면 누구도 상대를 쉽게 공격하지 못할 거예요. 그리고 평화로운 세상을 꿈꾸다 보면 자신이 갖고 있는 것을 기꺼이 나누려고도 할 것입니다.

이 책에서는 평화에 대한 다양한 이야기를 하고 있습니다. 침략과 전쟁으로 우리 민족은 나라를 잃고 평화를 빼앗겼습니다. 평화를 지키는 것이 결국 나와 가족 모두를 지켜내는 것임을 느낄 수 있습니다. 그럼 어떤 방법으로 평화를 지켜야 할까요? 이 책에 나오는 아소카 왕처럼 평화를 무엇보다 우선해야 할 것입니다. 그리고 그것을 생활화하는 것이 좋겠습니다. 무기 장난감을 멀리하는 것도 좋은 방법입니다. 그러면 말과 행동에도 평화가 깃들어 서로를 상처 내는 일은 줄어들지요. 그 외에도 이 책에서는 다양한 평화를 이야기했습니다. 자연이 주는 평화, 나누는 평화, 존중하는 평화, 그리고 그것을 실천한 사람들의 이야기를 담았습니다. 이 책을 통해 '평화'를 고민하고 생각하는 기회가 되기 바랍니다.

2013년 3월 김경선

차례

머리말 4

1. 나라를 빼앗기면 평화도 없어요 ○ 8
 의병이 된 농민들
 평화란 무엇일까요?
 스스로 일어선 의병들

2. 전쟁은 사라져야 해요 ○ 16
 아소카 왕의 눈물
 행복을 가져다주는 '평화의 힘'
 무기 없는 나라, 코스타리카

3. 무기를 팔면 안 돼요 ○ 24
 전쟁을 팝니다!
 평화를 위협하는 최첨단 무기들
 평화를 지키는 가장 큰 무기, 비폭력

4. 폭력적인 놀이가 폭력적인 아이를 만들어요 ○ 32
 무기 장난감 바꿔 주세요!
 컴퓨터 폭력 게임은 이제 그만!
 생활 속 평화를 지키는 방법

5. 인종 차별은 사라져야 해요 ○ 40
 손잡고 걷기
 평화를 해치는 인종 차별
 평등할 때 평화로워요

6. 적십자정신은 고귀해요 ○ 48
 전장에 핀 사랑
 적군도 치료하는 '적십자정신'
 모두 함께 나누는 평화

7. 어린이는 보호받아야 해요 ○ 56
   ### 축구공을 만드는 아이들
   정의가 있어야 평화도 있어요
   어린이들을 구해 주세요

8. 서로 배려하는 마음을 가져요 ○ 64
   ### 푸른 강의 평화 찾기
   나일 강에 벌어진 물 전쟁
   부족한 자원을 나눠 써요

9. 민주주의를 지켜야 해요 ○ 72
   ### 김대중, 평화의 사도
   평화를 위해 노력하는 사람들
   복수는 또다른 비극을 낳아요

10. 핵무기를 만들지 마세요 ○ 80
    ### 인류를 끝장낼 작정입니까?
    평화를 위한 전쟁은 없어요
    옛날 전쟁과 오늘날의 전쟁

11. 자연의 순리를 따라요 ○ 88
    ### 라다크 사람들
    라다크 사람들에게 배우는 평화의 기술
    자연 파괴로 깨지는 평화

12. 서로 대화해야 평화가 찾아와요 ○ 96
    ### 철원 노동당사 앞에서
    분단은 우리 민족의 아픔이에요
    남북통일로 진정한 평화를 이루어요

1. 나라를 빼앗기면 평화도 없어요

의병이 된 농민들

"여보, 정말 떠나십니까?"

달식이 아버지는 비껴 선 채 아무 대답이 없었다.

"달식이와 막둥이가……. 흐흑."

달식이 어머니는 끝내 참았던 눈물을 흘리고 말았다.

"아앙, 아부지! 아부지! 아아앙."

달식이의 울음소리가 아버지의 가슴을 후벼 팠다. 하지만 달식이 아버지는 그대로 주저앉을 수가 없었다.

"아부지가 정말 미안하다. 하지만 나라가 망해 가는데, 그냥 보고 있는 건 이 나라 국민의 도리가 아니다!"

달식이 아버지는 이렇게 말하며 아들을 끌어안았다.

"여보, 아이들을 부탁하오. 이제 더 이상 일본 놈들의 만행을 두고볼 수 없소. 평화롭던 우리 마을이 쑥대밭이 되었잖소. 달식이를 이런 세상에서 살게 할 수는 없소."

"그럼요, 그렇고말고요."

달식이 어머니는 울음을 삼키며 간신히 고개를 끄덕였다. 그러고는 남편을 부여잡았던 손을 놓았다. 그건 어서 떠나라는 신호였다. 달식이 아버지는 미리 챙겨 놓은 곡괭이를 들고 사립문을 뛰쳐나갔다.

달식이 아버지는 농사꾼이었다. 새벽이면 일어나 김을 매고, 절기에 맞춰 씨를 뿌리며 부지런히 일했다.

그러던 어느 날, 마을을 송두리째 뒤흔드는 일이 벌어졌다.

"어이쿠, 흉측하게 네 머리가 그게 뭐냐?"

"나라에서 '단발령'을 내렸대요. 그래서 일본군이 가위를 들고 사람들의 상투를 자르고 있어요. 그래서 저도 그만……."

"뭐? 우리는 조선 사람인데 그런 법이 어딨어?"

우리나라에서는 예부터 몸과 머리카락은 부모가 물려주신 것이므로 이를 소중하게 지키는 것이 효도의 시작이었다. 그래서 남자와 여자는 결혼하기 전에는 머리를 길러 땋았고, 결혼한 후에는 남자는 상투를 틀고 여자는 쪽을 찌었다. 그런데 남자들의 상투를 잘라 버리다니!

"일본 놈들이 이 땅에 들어오더니 나라 꼴이 말이 아니야."

"그러게. 일본이 우리나라를 집어삼키려 하는 것 같아."

사람들은 불길한 예감에 몸을 떨었다.

아니나 다를까, 얼마 지나지 않아 조선은 일본과 강제 조약을 맺고 말았다. 일본이 총칼로 위협하며 서약서를 작성하라고 윽박질렀다는 소문이 돌았다. 1905년, 을사년의 일이었다.

"거, 을사조약이 뭐길래 사람들이 그리 길길이 뛰는 거요?"

"아이고, 답답하기는. 그게 우리나라 일을 일본이 대신 결정해 준다는 조약이잖소. 일본이 우리 대신 주인 행세를 하겠다는 거지."

달식이 아버지는 분하고 원통해서 땅을 치며 한탄을 했다.

강제로 '을사조약'을 맺은 일본은 조선의 군대를 해산시켰고, 일본인 관리를 파견했다. 우리나라가 일본의 식민지로 전락한 것이나 다름없었다. 나라 안은 원통함으로 들끓을 대로 들끓었다. 곳곳에서 일본을 몰아내려는 의병이 일어났다.

의병대에는 많은 사람이 모여들었다. 그들은 창이며 곡괭이, 낫, 곤봉, 도끼 등 무기가 될 만한 것을 손에 들고 의병대를 찾아왔다. 그 속에는 달식이 아버지도 있었다.

"예로부터 우리 조상들은 나라에 어려움이 닥치면 의병을 일으켜 나라를 지켰다. 지금 일본이 우리 조선 땅을 쥐새끼처럼 돌아다니며 망가뜨리고 있다. 이대로 두어서는 안 된다. 일본이 우리의 삶을 송두리째 빼앗기 전에 이 한 목숨 다 바쳐 나라를 지켜 내자!"

의병대장이 목이 터져라 외쳤다. 달식이 아버지도 두 주먹을 불끈 쥐었다. 의병들은 군사 훈련을 시작했다. 화승총을 사용하는 법도 배우고, 체력 훈련도 했다.

"일본군이 몰려오고 있습니다!"

망을 보던 의병 하나가 다급하게 소리쳤다. 그동안 의병들은 틈이 날 때마다 일본군을 공격하거나 일본을 돕는 조선 관리들을 혼내 주곤 했다. 이에 화가 난 일본이 의병대를 소탕하겠다며 떼로 나선 것이었다.

기관포와 소총 등 신식 무기로 무장한 일본군과 비교하면 의병들의 무기는 아주 초라했다. 어른과 아이가 싸우는 꼴이었다.

"죽음을 각오하고 싸우라!"

"비록 오늘 죽을지라도 사람들은 우리를 영원히 기억하리라!"

그 순간 달식이 아버지도 아이들과 아내, 부모님의 얼굴이 떠올라 가슴이 뜨거웠다.

'달식아, 아비는 우리의 자유와 평화를

지키는 것이 바로 널 지키는 일이라고 믿는다. 부디 잘 자라서 나라를 구해 다오.'

"탕, 타당! 타당탕탕탕탕……."

일본군의 요란한 총소리가 온 땅에 울렸다.

총을 맞고 쓰러지는 의병들이 하나둘 늘어났다. 그렇지만 어느 누구도 비겁하게 물러서지 않았다.

평화란 무엇일까요?

　세상에는 수많은 나라가 있고, 수많은 사람이 살고 있어요. 서로 원하는 것과 좋아하는 것이 다르고 생각이 다르기 때문에 언제든지 갈등이 생기기 쉽지요. 갈등이 커지면 다툼과 분쟁이 일어나고, 심한 경우에는 전쟁으로까지 이어지게 됩니다.

　그러나 서로 이해하고 배려하며, 동등하게 어울려 마음을 모으면 갈등과 다툼을 줄일 수 있어요. 마음에 갈등이 없고 다툼이 없을 때 우리는 '평화롭다'고 느낍니다.

　사람들은 오래전부터 평화를 위한 방법을 고민했고, 평화의 소중함을 알고 있었어요. 중국에서는 '평화'를 '화평(和平)'이라고 하고, 인도에서는 '샨티', 유대교에서는 '살롬', 그리스에서는 '에이레네', 로마에서는 '팍스'라고 해요. 서로 부르는 이름은 다르지만, 그 말 속에는 정의로움, 질서, 함께 어울리는 것, 편안한 마음 등이 바로 평화를 만든다는 내용이 담겨 있답니다.

스스로 일어선 의병들

　20세기 초, 일본은 아시아의 평화를 지키겠다는 이유를 들어 우리나라와 강제 조약을 맺었습니다. 아시아 여러 나라를 서양의 힘센 나라들이 식민지로 삼는 것을 지켜보고만 있을 수 없다는 구실을 댔지요. 하지만 일본이 실제로 했던 일들은 평화와는 거리가 멀었어요. 일본에 이익이 되는 일에는 물불을 가리지 않았지만, 우리나라 사람들을 개돼지로 취급하면서 억눌렀지요.

　이에 우리나라 사람들은 의병대를 조직해 일본에 맞섰어요. 그동안 나라가 어려울 때마다 백성들이 스스로 의병을 조직해서 적과 맞섰어요. 고려 시대 몽고의 침입에도, 조선 시대 임진왜란 때도 의병들의 활약은 눈부셨어요. 이렇게 백성들이 전쟁에 나선 것은 스스로 평화를 지키기 위한 방법이었습니다.

2. 전쟁은 사라져야 해요

아소카 왕의 눈물

　기원전 300년 경, 인도에서는 찬드라굽타라는 인물이 마우리아 왕조를 세웠다. 찬드라굽타는 뛰어난 정치력과 군사력으로 인더스 강 유역을 차지하고, 여러 나라로 나뉘어 있던 인도 북부 지역을 정복하였다. 그리고 왕국은 그의 아들 빈두사라에 의해 더욱 발전하였다.

　하지만 왕국이 번성하자, 빈두사라의 수많은 아들들이 서로 왕위에 오르기 위해 싸우기 시작했다.

　여러 아들들 중에서 아소카는 어렸을 때부터 아버지를 따라 전쟁에 다니며 여러 차례 공을 세웠다. 빈두사라의 큰아들 수시마는 아소카를 제거하려고 꾀를 냈지만, 뜻을 이루지 못했다. 결국 기지와 용맹함이 뛰어났던 아소카는 수시마를 비롯해 다른 형제들을 모두 죽이고 마우리아 왕국의 왕이 되었다.

'마우리아 왕조의 전성기'라고 할 만큼 아소카 왕의 정치력은 뛰어났다. 힘이 세진 마우리아 왕국을 감히 건드릴 나라가 없을 정도로 부강해졌다. 아소카 왕은 더 큰 왕국을 꿈꾸며, 인도 통일을 완성하기 위해 인도 남부 지역 정복 전쟁에 나섰다.

"자, 나가서 싸우자! 승리가 우리를 기다린다!"

아소카 왕은 군사들을 독려했다.

"오늘도 우리가 승리했습니다. 통일이 멀지 않았습니다."

"수고했다. 내가 선대 왕들의 뜻을 이루게 되었구나."

아소카 왕의 승리는 멈출 줄 모르고 계속됐다.

그리고 왕위에 오른 지 8년째 되는 해, 아소카 왕은 인도의 남동부 지역인 칼링가로 진군했다. 칼링가 측 10만 명, 아소카 측 1만 명이 죽는 치열한 전투 끝에 아소카 왕의 군대가 승리를 거두었다. 이로써 아소카 왕은 인도 역사상 가장 넓은 지역을 다스리는 왕이 되었다.

"왕이시여, 승전보를 올리시옵소서! 이제 조금만 더 정복한다면 인도는 물론 더 넓은 땅을 차지하게 될 것이옵니다!"

신하들은 아소카 왕에게 승리의 소식을 전했다.

하지만 시간이 흐를수록 아소카 왕의 얼굴에서는 기쁨의 빛이 점점 사라졌다. 아소카 왕의 눈에 보인 것은 전쟁으로 죽어가는 사람들의 처참한 모습이었다. 거리에는 부모를 잃은 아이들이 울고 있었고, 자식을 잃고 찾아 헤매는 부모가 있었다. 집은 무너져 살 곳이 없었고, 산과 강이 파괴되었다.

"이것이 승리인가? 진정 누구를 위한 승리란 말인가!"

아소카 왕은 몹시 괴로워했다.

'나라를 부강하게 하는 것은 물론 중요한 일이다. 하지만 백성들을 슬픔에 빠뜨리고, 지금까지 해왔던 모든 것을 파괴하는 전쟁을 하는 것이 과연 옳은 일일까? 그건 쓸모없는 욕심이 아닌가? 과연 전쟁 말고는 다른 방도가 없단 말인가?'

아소카 왕은 전쟁이 잘못이었음을 깨닫기 시작했다.

왕의 눈치만 살피던 신하들이 재촉했다.

"왕이시여, 명령을 내려주십시오. 이제 남부의 일부 지역만 정복하면 완전한 인도의 통일을 이룰 수 있습니다. 고삐를 늦추지 말고 앞으로 나가야 합니다."

그러나 아소카 왕은 무겁게 고개를 흔들었다.

"아니야, 그게 아니다! 우리의 전쟁은 여기에서 멈춘다."

"왕이시여, 그 어찌 나약한 말씀을 하시나이까? 인도의 완전

한 정복이 멀지 않았는데 멈춘다니요? 그건 아니 되옵니다."
 신하들은 아소카 왕의 명령에 반발했다. '인도의 완전 정복, 인도의 통일'이라는 거대한 이름 아래 어느 정도 희생이 따르는

것은 당연하다고 생각했다. 그러나 아소카 왕은 간곡히 신하들을 설득했다.

"이제 우리는 생각을 바꾸어야 한다. 이것은 전쟁을 멈추는 것이 아니라 평화를 찾는 첫걸음이다. 오랜 전쟁으로 이웃 나라뿐만 아니라 우리나라 백성들도 지쳐 있다. 백성들은 더 큰 나라보다는 평화로운 나라를 원할 것이다. 그대들도 나의 뜻을 따라 우리 땅을 풍요롭게 가꾸는 데 힘써 달라."

신하들은 더 이상 왕의 뜻에 반대할 수 없었다. 아소카 왕은 백성을 위한 평화로운 나라를 만들기 위해 노력했다.

"백성들이 볼 수 있도록 인간이 행해야 할 도리를 돌에 새겨 각 지역에 세워라."

 동식물을 함부로 죽이지 않으며, 도덕적인 삶을 장려하는 돌기둥들이 곳곳에 세워졌다. 마을에 우물을 만들어 백성들이 물을 긷기 편하게 만들고, 병원을 세워 누구나 치료받게 했다. 그리고 법 앞에서는 누구나 공정하게 심판을 받게 하였다.
 이제 마우리아 왕국은 백성들이 살기 좋은 나라가 되었다. 아름다운 문화가 꽃피었으며 학문이 발달했다. 사람들 얼굴에 웃음이 끊이지 않는 평화로운 왕국이 된 것이다. 비로소 아소카 왕도 백성들도 행복을 찾게 되었다.

행복을 가져다주는 '평화의 힘'

세계에서 가장 힘이 세고 강력한 영향력을 가진 나라 중의 하나가 미국이지요. 하지만 몇 년 전, 미국인들은 비행기 충돌 테러로 고층 건물이 삽시간에 무너져 수많은 사람들이 죽는 광경을 목격했어요. 세계 일등 국가, 일등 국민이라는 자부심이 가득했던 미국이지만, 그 순간 미국은 세계에서 가장 불행한 나라가 되었습니다. 이 비극으로 사랑하는 가족과 친구를 잃은 미국 사람들은 깊은 슬픔에 빠졌고, 테러에 대한 공포심에 사로잡혔지요.

그 때문에 미국 사람들은 미국이 군사 무기를 만들어 팔아 더 부유한 나라가 되기보다는 세계 평화를 위해 지금보다 더 보람 있는 일을 하기를 바라고 있습니다. 미국이 세계 최대의 군사 무기 판매 국가이기도 하기 때문이지요. 세계 여러 나라가 평화롭게 공존해야 내 가족, 내 나라의 평화를 지킬 수 있다는 걸 알게 된 것입니다.

무기 없는 나라, 코스타리카

아메리카 대륙에 코스타리카라는 작은 나라가 있어요. 인구는 370만 명 정도로, 우리나라의 경기도 인구보다 적지요.

한때 코스타리카는 심각한 내전을 겪었습니다. 하지만 1953년 호세 페레가 대통령으로 선출되면서 다툼은 사라졌어요. 페레 대통령은 가장 먼저 군대를 모두 없앴어요. 당연히 무기도 필요 없게 되었지요.

일부 사람들은 나라에 군대도 필요하고, 강대국과 군사 동맹도 맺을 것을 주장했어요. 하지만 페레 대통령을 통해 이미 평화가 무엇인지 느끼게 된 코스타리카 사람들은 이번에도 평화 정책을 내세운 아리아스를 대통령으로 뽑았어요. 아리아스 대통령은 코스타리카를 다른 나라를 공격하는 기지로 사용하는 것을 거부하고 평화를 위한 정책을 펼쳤습니다. 그래서 아리아스 대통령은 1987년 노벨 평화상을 받았습니다.

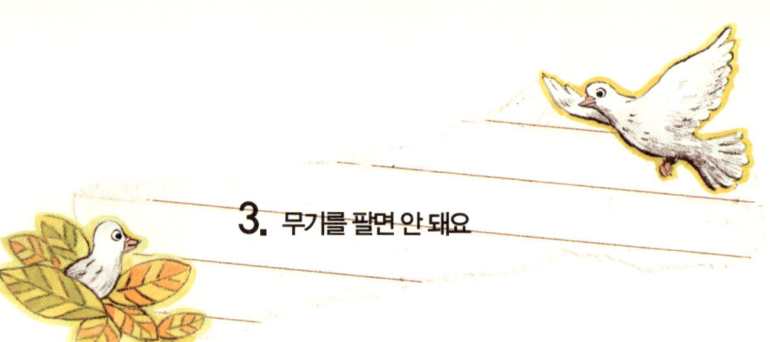

3. 무기를 팔면 안 돼요

전쟁을 팝니다!

"으으아앙!"

숲에서 도토리를 주워 오겠다고 나섰던 초록 마을 어린 다람쥐들이 울며 돌아왔다. 그 소리를 듣고 다람쥐들이 몰려들었다.

"무슨 일이니? 왜 울고 오는 거야?"

"노랑 마을 다람쥐들이 우리가 주운 도토리를 빼앗아 갔어요."

초록 마을 다람쥐들은 화가 나서 촌장 다람쥐를 찾아갔다.

"촌장님, 노랑 마을 다람쥐들이 우리 다람쥐들을 공격했습니다. 이대로 있어서는 안 돼요. 당장 혼을 내줘야 합니다."

촌장 다람쥐는 마을 다람쥐들을 걱정스런 얼굴로 바라보았다.

"내가 노랑 마을 촌장을 만나 볼 테니 조금만 기다려라."

"촌장님, 노랑 마을 다람쥐들은 자기들이 몸집이 크다고 우리를 얕잡아 보고 있습니다. 절대로 가만있어서는 안 됩니다."

초록 마을 다람쥐들은 촌장 다람쥐의 말을 들으려고 하지 않았다. 그때, 이웃 마을에 사는 청설모가 끼어들었다.

"당신들은 몸집이 작아서 이대로 싸움에 나섰다가는 지고 말 거예요. 그러니까 이 무기를 사용해 보세요."

청설모는 탱탱한 고무줄이 달린 새총을 보여 주었다.

"잘 보세요. 여기에 작은 돌멩이를 끼워 당기면……."

돌멩이는 슝 하고 날아가 나무줄기에 강하게 박혔다. 다람쥐들은 새총의 위력을 보고 놀라 입을 쩍 벌렸다. 그리고 너도나도 새총을 사들였다.

촌장 다람쥐는 그 모습을 걱정스럽게 바라보았지만 이미 새총에 마음을 빼앗긴 다람쥐들을 말릴 방법이 없었다.

그후 초록 마을 다람쥐들은 숲에서 노랑 마을 다람쥐들을 발견할 때마다 마구 새총을 쏘아 댔다.

"아야, 아야야!"

노랑 마을 다람쥐들은 이리저리 돌멩이를 피해 보려 애를 썼지만, 돌멩이의 속도가 워낙 빨라서 픽픽 쓰러져 나갔다.

노랑 마을 다람쥐들은 긴급 회의를 했다. 이때 청설모가 나타

났다.

"초록 마을 다람쥐들이 가진 무기보다 더 강력한 무기가 있어야 합니다. 이번에 내가 개발한 대포를 한번 써 보시지요."

대포는 작은 돌멩이 수십 개를 넣어 한꺼번에 쏠 수 있었다.

"그래, 바로 이거야."

노랑 마을 다람쥐들은 앞다투어 대포를 사들였다.

다음 날, 숲에서는 거센 싸움이 벌어졌다.

초록 마을 다람쥐들이 새총을 쏘아 대자, 노랑 마을 다람쥐들은 대포를 쏘기 시작했다.

"초록 마을 녀석들, 우리를 공격했겠다!"

노랑 마을 다람쥐들은 쉴 새 없이 대포를 쏘았다. 그러자 하늘은 순식간에 돌멩이로 뒤덮였다.

"아니, 이건 무슨 무기지? 우리 새총과는 비교가 되지 않아."

초록 마을 다람쥐들은 도망가기에 바빴다. 대포의 공격을 받은 초록 마을 다람쥐들은 급히

회의를 열었다.
"이대로는 안 되겠어요. 청설모에게 도움을 청해야겠어요."
"새총보다 강력한 무기가 있어야 해요."
초록 마을 다람쥐들은 무기만이 살길이라고 생각했다.
"강력한 무기가 더 무서운 전쟁을 불러오는 게야!"

촌장 다람쥐가 강력하게 막아섰다. 실제로 초록 마을은 처음 도토리를 빼앗겼을 때보다 훨씬 더 많은 피해를 보고 있었다. 하지만 초록 마을 다람쥐들은 촌장의 말을 들으려 하지 않았다.

초록 마을 다람쥐들은 모아두었던 도토리를 챙겨 들고 무기를 사러 청설모가 있는 곳으로 향했다. 한편, 노랑 마을 다람쥐들도 청설모에게 더 강력한 무기를 사기 위해 길을 나섰다.

"저희에게 새총보다 훨씬 강한 강력한 무기를 주세요."

초록 마을 다람쥐들이 도토리를 한아름 내밀며 말했다.

"허허, 그건 곤란해요. 강력한 무기를 사려면 아주 많은 도토리가 필요하지요."

청설모는 고개를 저으며 여유를 부렸다. 그때 노랑 마을 다람쥐들도 손에 손에 도토리를 들고 청설모를 찾아왔다.

"혹시 너희 무기도 청설모에게 산 거였니?"

초록 마을 다람쥐들이 깜짝 놀라 노랑 마을 다람쥐들에게 물었다.

"이런, 우리가 청설모에게 당했군."

"그래, 청설모는 우리에게 무기만 판 것이 아니라 전쟁을 팔고 있었어. 촌장님의 말을 새겨들었어야 했는데."

다람쥐들은 서둘러 도토리를 챙겨 돌아섰다. 그후로 청설모는 그 숲에 얼씬도 하지 못했다.

평화를 위협하는 최첨단 무기들

평화와 반대되는 말을 찾으라고 하면 전쟁을 꼽을 수 있어요. 전쟁은 가장 빠르고 잔인하게 평화를 깨뜨립니다. 과학 기술이 발달하면서 최첨단의 무기는 평화를 위협하는 최고의 무기가 되었어요. 그리고 사람들은 그 무기를 팔아서 돈을 벌려는 꿈을 꾸고 있습니다.

세계 최대의 무기 회사는 미국에 있어요. 미국은 전투기, 폭격기 등 첨단 무기를 만들어 세계 각국에 팔고 있습니다. 실제로 전 세계 인구가 1년 동안 사용하는 군사비는 한 사람 당 약 12만 8000원에 이른다고 합니다. 많은 사람이 굶어죽는 것을 생각하면 어마어마한 돈을 군사비에 사용하는 것입니다.

무기를 마련한다는 것은 전쟁의 가능성을 높이는 것이며, 곧 평화를 위협하는 것이에요. 무기 사는 데 쓰는 돈을 평화를 위한 일에 사용한다면 세상은 더 살기 좋은 곳이 될 것입니다.

평화를 지키는 가장 큰 무기, 비폭력

　영국의 지배를 받았던 인도에서는 영국인에 의한 부당한 차별이 많았어요. 어느 날, 영국이 인도인들을 분리하여 따로 투표하게 하자, 간디는 이 일의 부당함을 알리기 위해 단식 투쟁을 벌였어요. 간디의 행동에 많은 인도인들이 동조하자, 영국은 간디의 뜻을 들어줄 수밖에 없었지요.

　이렇게 간디는 인도의 독립을 위해 영국에 끝까지 비폭력으로 맞섰어요. 폭력은 상대의 방어에 막힐 수 있지만 비폭력은 상대를 해치는 것이 아니기 때문에 특별한 방어 방법이 없습니다. 간디는 폭력이 또 다른 폭력을 낳고, 폭력을 쓴다면 많은 세계 사람들이 지지하지 않을 것이라는 걸 알았어요. 그래서 간디는 '비폭력'의 방법으로 잘못에 저항하고 평화를 지켜 냈습니다. 비폭력이 평화를 지키면서 평화를 얻어 내는 가장 큰 무기가 된 것입니다.

4. 폭력적인 놀이가 폭력적인 아이를 만들어요

무기 장난감 바꿔 주세요!

얼마 전 민준이는 사촌 형과 함께 액션 영화를 한 편 보았다. 마음대로 총을 다루며 악당을 물리치는 주인공의 모습은 민준이에게는 영웅 그 자체였다. 악당들은 주인공의 발차기에 넘어지고, 총알에 맞아 쓰러졌다.

"와, 주인공 정말 멋있다!"

민준이는 주인공의 동작 하나하나마다 눈을 뗄 수 없었다. 그리고 그날부터 영화에서 보았던 주인공처럼 발차기도 해 보고, 배드민턴 채를 들고 총처럼 쏘아 보기도 했다. 그러다 마트에서 주인공이 가졌던 총과 비슷한 모양의 장난감 총을 보게 되었다. 그날부터 민준이는 며칠 동안 엄마를 조르고 졸라 결국 원하는 장난감 총을 사고야 말았다.

신이 난 민준이는 바로 놀이터로 달려가 친구들에게 총싸움 놀이를 하자고 했다.

"총 맞아 놓고 안 맞았다고 우기기 없기다."

"마지막까지 남는 사람이 대장이니까 무조건 말 잘 들어야 돼."

아이들은 총싸움의 규칙을 나름대로 정했다. 드디어 총싸움이 시작되었다. 아이들은 서로의 총을 피하기 위해 놀이터 곳곳으로 흩어졌다. 민준이도 몸을 숨기려고 둥근 미끄럼틀 속으로 쏙 들어갔다. 가슴이 콩닥콩닥 뛰었다.

민준이는 처음으로 총다운 총으로 하는 놀이라서 그런지 떨리면서도 흥미진진하다고 생각했다. 하지만 선뜻 공격에 나설 수는 없었다. 그때 밖에서 아이들의 발자국 소리가 요란하게 들려왔다. 그리고 이어서 '탕, 탕!' 하는 총소리도 들렸다.

'이대로 있다가 누군가에게 발각되면 총을 쏘아 보지도 못하고 당하

고 말 텐데.'

아이들이 공격을 시작하자 민준이의 마음은 더욱 바빠졌다. 민준이는 조심스럽게 통 밖으로 고개를 쏙 내밀었다. 그때 한 친구와 눈이 마주치고 말았다. 친구는 민준이를 보고 씩 웃었다. 끔찍했다. 친구의 표정은 먹잇감을 찾은 사냥꾼 같았다. 민준이는 온몸에 소름이 쫙 끼쳤다.

"하하, 김민준!"

친구가 민준이 쪽으로 총부리를 겨누며 소리쳤다. 민준이는 재빨리 있는 힘을 다해 반대쪽으로 해서 미끄럼틀 위로 기어 올라갔다. 하지만 민준이를 놀리기라도 하듯 반대쪽에서 다른 친구가 총부리를 겨누고 기다리고 있었다. 다급해진 민준이는 힘껏 친구를 밀치며 미끄럼틀을 빠져나왔다.

"아악!"

놀이터에 찢어지는 듯한 비명이

퍼졌다. 민준이에게 밀린 친구가 쓰러지면서 미끄럼틀의 한쪽 귀퉁이에 부딪히고 만 것이다. 친구의 이마에서는 어느새 붉은 피가 흐르고 있었다. 민준이는 피를 보고 그 자리에 털썩 주저앉고 말았다. 자기 몸 어디에서 그런 힘이 나온 건지 알 수 없는 일이었다.

다친 아이의 엄마가 달려왔다.

"민준아, 다음부터는 조심해서 놀아."

다친 아이의 엄마는 조용히 민준이를 타일렀다. 민준이는 혼이 난 것도 아닌데 고개를 들 수가 없었다. 친구는 이마가 찢어져서 몇 바늘을 꿰매야 했지만 상처가 심한 것은 아니라고 했다. 그래도 민준이와 민준이 엄마는 미안해서 고개를 들 수 없었다.

그날 밤, 민준이는 꿈을 꾸었다. 자기가 군복을 입고 커다란 총을 들고 있었다.

"김민준, 넌 훌륭한 군인이야. 이번에도 네 실력을 보여 줘."

총을 들고 앞장을 선 민준이의 눈앞

에는 학교 친구들과 동네 사람들이 가득했다.

"김민준, 어서 쏴!"

민준이가 망설이며 총을 들지 못하자, 누군가 뒤에서 민준이의 등에 총을 겨눴다.

"어서 쏘지 않으면 네가 죽는다!"

민준이는 하는 수 없이 총을 쏘았다. 멈추고 싶었지만 멈출 수가 없었다.

"아, 멈춰지지가 않아. 제발 멈춰!"

민준이는 비명을 지르며 꿈에서 깨어났다. 민준이는 긴 숨을 내쉬었다.

"정말 끔찍한 꿈이야. 아휴, 무서워."

민준이는 방 한쪽에 서 있는 총을 바라봤다. 처음 샀을 때는 보물처럼 좋았던 총이지만 지금은 무섭다는 생각이 들었다. 낮에 총을 들고 놀 때 자기도 모르게 행동이 과격해졌던 것도 기억이 났다.

다음 날, 민준이는 엄마와 도서관에 갔다. 도서관에서는 '평화 놀이 마당' 행사가 열리고 있었다. 평화 사진전도 열리고, 이라크 어린이에게 보내는 평화 그림 그리기 행사도 있었다. 민준이는 그중 한 사진 앞에 멈춰 섰다. 사진 속에는 민준이 또래의 남자아이가 총을 들고 서 있었다. 민준이는 물끄러미 그 아이를 바라보았다.

"너도 원하지 않으면서 총을 쏘고 있구나."

민준이는 그 아이가 얼마나 고통스러울까 생각했다.

"민준아, 저기로 가 보자."

엄마가 민준이의 손을 잡아끌었다.

"무기 장난감 바꿔 드려요."

미소가 예쁜 누나가 아이들을 향해 소리를 치고 있었다.

"무기 장난감을 바꿔 준다고요?"

"네, 무기 장난감을 가져오면 재미있는 책으로 바꿔 드려요."

누나의 설명을 들은 민준이는 잠시 생각에 잠겼다.

'차라리 총이 없으면 마음은 편하지 않을까? 아니야, 엄마한테 졸라서 산 총인데 이렇게 바꿔 버리면 후회할지도 몰라.'

망설이던 민준이는 다시 고개를 돌려 총을 들고 있는 소년의 사진을 보았다. 그리고 결심을 했다.

"엄마, 집에 다녀올게요. 저도 무기 장난감 바꿀래요."

엄마는 웃으며 고개를 끄덕였다.

민준이는 집으로 달렸다. 무엇인가 마음속을 누르고 있던 커다란 짐이 사라져 버린 듯 발걸음이 가벼웠다.

컴퓨터 폭력 게임은 이제 그만!

　컴퓨터 게임은 남녀노소 누구나 즐길 수 있는 놀이 중의 하나입니다. 그런데 컴퓨터 게임 중에는 폭력적인 게임이 많이 있어요. 적을 공격해서 무찔러야 게임에서 이기게 되고, 더 좋은 무기를 갖게 되지요. 그리고 강한 무기로 더 끔찍한 공격을 퍼부어서 적을 손쉽게 해치웁니다.

　이런 불안하고 긴박한 상황 속에 놓이면 사람의 마음은 평화로울 수 없어요. 당장에는 흥미롭고 짜릿하게 즐길 수 있는 놀이지만 그런 놀이 문화가 우리 마음속 평화를 해치고 있는 것입니다.

　사람은 고운 말을 들을 때와 거친 말을 들을 때의 행동이 달라진다고 합니다. 컴퓨터 폭력 게임보다는 서로를 칭찬하는 놀이를 해 보면 어떨까요? 머리를 쓰다듬고 손을 맞잡는 놀이를 하거나 서로 웃겨 주기 놀이를 해 보는 것도 좋겠지요. 평화로운 마음을 갖기 위해서는 즐겁고 재미있는 놀이가 도움이 됩니다.

생활 속 평화를 지키는 방법

"야! 너 때문에 선생님한테 야단맞았잖아."

"영수, 뚱보! 너 지금 뛰고 있는 거냐?"

누군가 나에게 큰소리를 치거나 놀리면 마음이 불안해집니다. 생활 속에서 일어나는 작은 일들을 통해서도 마음의 평화가 깨질 수 있지요. 하지만 조금만 행동을 바꾸면 분위기가 달라질 수 있어요.

우선 나부터 목소리를 한 톤 낮추어 보세요. 소리를 지르는 것은 문제를 해결하는 것이 아니라 문제를 키울 뿐이지요. 그래서 싸움이 일어나고요. 상대와 문제가 생겼을 때는 천천히, 조용히 대화를 시도해 보세요.

두 번째는 자신이 원하는 것이 무엇인지 생각합니다. 친구가 놀려서 기분이 나쁘다면 '넌 다른 사람을 놀리는 나쁜 아이야.'라고 하기보다 '난 네가 나를 놀리지 않았으면 좋겠다.'라고 말하는 것입니다. 이처럼 생활 속에서 작은 노력을 통해서도 평화를 지킬 수 있답니다.

5. 인종 차별은 사라져야 해요

손잡고 걷기

지금으로부터 60여 년 전, 아프리카 대륙의 남쪽 끝에 있는 남아프리카 공화국에는 아파르트헤이트(인종 분리 정책) 정책에 따라 해마다 새로운 법이 만들어졌다.

이 정책은 백인과 흑인을 구분하기 위한 것으로, 말로는 인종별 분리를 통해 각각 발전을 꾀한다지만, 백인만 잘살고 흑인을 비롯해 나머지 유색인종은 철저히 착취하기 위한 것이다. 더욱이 남아프리카 공화국에서는 100명 중 16명만이 백인이고, 나머지 84명은 흑인 등 유색인종이었다.

백인이 중심이 된 정부에서는 먼저 인종 등록법을 만들어 자신이 어떤 인종인지 국가에 등록하게 했다. 백인, 아프리카 흑인, 인도계인 등 사람들은 다른 어떤 기준도 없이 오직 인종에 따라 구분이 되었다.

"흑인은 정해진 지역에서만 살아야 한다. 백인의 구역으로 함부로 들어와서는 안 된다."

백인 정부는 흑인이 살 수 있는 곳과 농사를 지을 수 있는 지역을 지정해 주었다.

"흑인은 이곳 외에는 땅을 살 수도 빌릴 수도 없다."

백인이 지정한 땅은 남아프리카 공화국 땅의 10퍼센트가 조금 넘는 넓이에 불과했다. 게다가 농사를 지을 수 없는 나쁜 땅이어서, 많은 흑인은 날품팔이를 하여 간신히 생계를 유지했다.

"백인보다 흑인이 훨씬 더 많은데 우리가 사용할 수 있는 땅은 겨우 이거란 말이야?"

흑인들은 불만에 가득 찼다.

"모든 흑인은 새로운 통행법에 따르라!"

정부는 아파르트헤이트 정책을 계속 내놓았다.

"흑인들은 반드시 통행증을 가지고 다녀야 한다는 거야. 백인 경찰들이 언제든지 흑인들의 통행증을 확인할 권리가 있대."

"뭐? 통행법이라는 게 바로 흑인들의 족쇄로군."

흑인들은 정부의 정책에 분노했다. 하지만 백인들은 흑인과 백인의 결혼 금지법을 만들었고, 나라의 대다수를 차지하는 흑인들의 투표권마저 빼앗았다.

　백인과 흑인은 같은 버스를 탈 수도 없었고, 좋은 도서관이나 수영장 등은 모두 백인 차지가 되었다. 백인이 좋은 곳에서 맛있는 음식을 먹으며 많은 돈을 벌어들일 때, 백인이 아닌 사람들은 가난에 허덕여야 했다.

　자기 땅에서 자신들의 모든 것을 빼앗긴 흑인들은 절망에 빠졌다. 특히 아이들에게 먹일 밥이 없을 때나 아이들을 제대로 교육시키지 못할 때는 가슴이 미어지듯 아팠다. 결국 흑인들은 자신들의 권리를 찾기 위해 힘을 모았다.

　"피부색이 다르기 때문에 차별받는다는 건 말도 안 돼요. 우리를 사람 취급하지 않는 백인에게 저항해야 합니다."

　"맞아요. 우리는 통행증에 막혀 다른 곳으로 갈 수 없는 존재가 아니에요. 우리에게도 백인과 똑같은 자유가 있어요."

　흑인들은 자신들의 생각을 평화적인 방법으로 드러내기로 했다. 흑인의 정부라고 할 수 있는 '아프리카 민족 회의'를 중심으로 평화적인 시위를 준비했다.

　"우리는 평화의 행진을 하려고 합니다. 정부에서는 우리의 시위를 허락해 주기 바랍니다."

 "흑인들의 시위
라? 절대 허락할 수 없다!"
 백인 정부는 흑인들의 생각은 들으
려고도 하지 않았다. 하지만 흑인들의 시위는 계획
대로 진행되었다.
 1960년 3월 21일, 통행법을 반대하는 평화 시위가 열렸다. 흑인들은 통행증을 집에 두고 지정된 거주지를 벗어나서 다함께 걷는 방법으로 통행권 운동을 벌였다. 그런데 시위대 앞을 총을 든 경찰들이 막아섰다. 시위에 참여했던 아이들이 겁을 먹었다.
 "우리는 무기가 없어. 우리가 흑인이라고 해도 평화적으로 시위하는 사람에게 총을 쏘지는 않을 거야."
 어른들은 겁먹은 아이들을 달랬다. 하지만 어른들의 생각은 틀렸다.
 "탕, 타당!"

경찰의 무차별 총격이 시작되었다. 시위대에 있던 흑인들이 총에 맞고 쓰러지자, 거리는 순식간에 피로 붉게 물들었다. 하지만 경찰은 총격을 멈추지 않았다.
"아악! 제발 멈춰요, 제발!"

　결국 이 시위로 69명이 목숨을 잃었고, 180여 명이 부상을 입었다. 이후 남아프리카 공화국 흑인들은 더 이상 평화적 시위를 하지 않았다. 아프리카 민족 회의를 중심으로 흑인 무력 군대가 만들어졌고, 남아프리카 공화국은 혼란에 빠지게 되었다. 인종 차별은 크고 작은 모든 평화를 깨뜨려 버렸다.

평화를 해치는 인종 차별

인종 차별의 문제는 먼 옛날이야기가 아니에요. 미국은 남북 전쟁으로 흑인 노예들을 해방시켰지만 미국 남부에는 여전히 흑인을 차별하는 제도가 있었지요.

또 남아프리카 공화국에서는 '아파르트헤이트'라 불리는 인종 분리 정책에 대항하여 많은 흑인이 투쟁했어요. 흑인 지도자 넬슨 만델라도 그런 이유로 오랫동안 감옥에 갇혀 있었어요. 그래서 주변 국가들이 남아프리카 공화국을 압박했고, 1990년대에 들어서며 아파르트헤이트에 대한 법들이 사라지기 시작했어요.

그리고 1994년에는 흑인 지도자 넬슨 만델라가 남아프리카 공화국의 첫 흑인 대통령에 당선되었습니다. 넬슨 만델라는 그동안 흑인을 차별한 백인에게 서로 입장을 바꿔서 생각해 볼 것을 권유하고, 잘못을 저질렀던 백인이 진심으로 흑인에게 사과하면 용서해 주었어요. 그동안의 일들을 평화적으로 마무리 짓기 위해 노력한 것입니다.

평등할 때 평화로워요

　인간은 모두 소중합니다. 인간은 누구나 인간답게 살 권리인 '인권'이 있지요. 그런데 그동안 많은 사람들이 다른 사람들에 의해 인권을 침해당했습니다. 여자라는 이유로, 피부색이 다르다는 이유로, 다른 민족이라는 이유로, 어리다는 이유로 말이에요.

　이러한 차별을 없애기 위해 수많은 투쟁과 희생이 있었어요. 그리고 그 투쟁 과정에는 피할 수 없는 다툼이 있었고, 전쟁이 있었고, 희생도 있었지요. 평등하지 못했기 때문에 평화로울 수 없었던 것이에요.

　인간은 서로가 서로를 존중할 때 믿음과 사랑이 싹트고, 갈등이 생겨도 평화적으로 해결할 수 있습니다. 평등할 때 평화가 찾아오는 것입니다.

6. 적십자정신은 고귀해요

전장에 핀 사랑

　해가 뉘엿뉘엿 지는 초저녁, 숲은 풀내음을 진하게 뿜어내고 있었다. 하지만 오랜 전쟁으로 곳곳에 화약 냄새가 배어 있는 탓인지 풀내음이 상쾌하지만은 않았다. 그래도 브라이언 병사는 깊은 숨을 들이쉬며 잠시 긴장을 풀려 했다.
　"후유, 노을은 여전히 아름답구나."
　제2차 세계 대전이 한창이었다. 독일군이 터뜨린 전쟁은 전 세계가 참여하면서 점점 커졌고, 언제 끝이 날지 짐작조차 할 수가 없었다.
　병사 브라이언은 영국인으로, 이번 전쟁에 연합군으로 참여했다. 연합군은 전쟁을 일으킨 독일군과 유럽 곳곳에서 맞서고 있었다.

"도대체 이 전쟁은 언제쯤 끝이 나는 걸까요?"

브라이언이 나무에 기대선 채 낮은 목소리로 물었다.

"글쎄, 전쟁에 미친 독일이 정신을 차려야 끝나는 거 아닐까? 오늘 아침 같은 전투가 수백 번은 더 일어나야 하겠지."

선임병은 새벽에 있었던 전투를 떠올리며 말했다.

오늘 새벽, 이 숲에서는 독일군과 영국군의 치열한 전투가 벌어졌었다. 새벽빛이 시작될 즈음 시작된 총성은 해가 뜰 무렵이 되어서야 끝이 났다. 영국군의 강력한 공격에 움찔했던 독일군은 오랜 시간 버텼으나, 결국 후퇴하고 말았던 것이다.

전쟁은 긴장의 연속이었지만, 가끔은 승리의 기쁨도 있었다. 그러나 그 순간이 지나면 처참한 폐허와 죽고 다치는 동료들의 모습을 보는 고통이 뒤따랐다.

"어서 이 전쟁이 끝났으면……."

브라이언은 잠시라도 한적한 곳에서 쉬고 싶어 숲 속으로 걸어 들어갔다. 평평하고 넓적한 바위가 있었다. 브라이언은 바위에 앉아 겨우 한숨을 돌릴 수 있었다.

그때였다. 어디선가 이상한 소리가 들려왔다.

"으으으, 으으으……."

브라이언은 소리 나는 방향으로 귀를 기울였다. 무슨 소리인지 정체를 알 수가 없어서 더욱 긴장이 되었다. 게다가 지금처럼 전쟁일 때라면 적이 숨어 있을 가능성도 있었다. 브라이언은 살그머니 일어나 총을 겨눈 채 소리 나는 방향으로 다가갔다.

"으으윽."

분명 사람의 신음 소리였다. 근처 숲을 뒤지던 중, 드디어 브라이언은 소리의 정체를 보게 되었다.

독일 병사였다! 새벽 전투에서 총에 맞아 뒤처진 것이 분명했다. 병사의 옆에는 총이 있었지만, 병사는 이미 많은 피를 흘린 듯 힘없이 쓰러져 있었다. 아직 정신을 잃지는 않은 모양인지, 브라이언이 나타나자 경계하는 빛이 역력했다. 그러나 상처를 입은 몸으로 피하기는 무리였다.

부상당해 기운이 없기는 했지만, 적군은 적군이었다. 브라이언은 경계 태세를 늦추지 않은 채로 조심스럽게 병사 가까이로 다가갔다.

"살려 주세요. 살려 주세요."

독일 말이었지만, 브라이언은 그렇게 알아들었다.

브라이언은 주변을 살폈다. 독일 병사도 긴장한 듯 신음 소리를 참고 있었다.

"난 영국군이지만 당신을 해치지 않아요. 안심해요."

브라이언은 독일 군인이 알아듣기 쉽도록 천천히 말했다. 그러자 독일군의 눈빛도 조금 전과 달리 경계하는 기색이 점점 사라졌다.

브라이언은 들고 있던 총을 내려놓고 독일군의 상처를 살폈다.

총알이 허벅지를 스쳐 지나면서 상처가 나기는 했지만 다행히 부상이 심하지는 않았다.

브라이언은 상처를 동여맬 것을 찾았지만, 붕대 같은 게 있을 리가 없었다. 그래서 자신이 입고 있던 속옷을 찢어 상처를 동여매 주었다. 그렇게만 해두면 피도 멈출 테고, 2차 감염도 막을 수 있어서 도움이 될 터였다.

"고, 고맙습니다."

독일군은 바싹 마른 입술을 겨우 달싹이며 진심으로 고마워했다.

"괜찮아요. 이 정도 가지고 뭘. 힘들 텐데 아무 말 마요."

브라이언은 독일군을 위로했다. 독일군의 얼굴에 다시 한 번 감사의 빛이 어렸다.

"자, 자, 일어나요! 여기는 햇볕이 드는 데다 남의 눈에 쉽게 띌 수도 있는 곳이에요. 저기 나무 그늘로 가서 쉽시다."

브라이언은 손짓 발짓을 써 가며 독일군에게 자리를 옮길 것을 권유했다. 브라이언은 힘들어하는 독일군이 편히 쉴 수 있게 나무 그늘 아래로 끌어다 앉혀 주었다. 그리고 자신의 물통을 꺼내서 독일군에게 건네주었다.

비록 적군으로 만나 몇 시간 전까지 싸움을 한 사이였지만,

지금 이 순간만은 그저 다친 사람과 다친 이를 돕는 사람일 뿐이었다.

그때였다.

"콰광, 쾅쾅!"

브라이언의 앞쪽에서 요란한 폭발음이 났다. 브라이언은 폭발과 함께 몸을 피했지만 수류탄의 파편까지 피하지는 못했다.

"아악, 아아악!"

브라이언의 입에서 괴로운 비명이 터져 나왔다. 파편이 다리에 박혀 피가 철철 흐르고 있었다.

"아악, 내 다리."

브라이언은 다친 다리를 움켜쥐고 풀썩 주저앉았다. 옴짝달싹도 할 수 없었다. 그때 나무 밑에 있던 독일군이 느린 몸짓으로 브라이언에게 다가왔다. 독일군은 브라이언의 다리에 천을 동여매 피가 멎을 수 있도록 해주었다. 쓰러져 있는 자신을 도왔던 브라이언에게 보답한 것이었다.

"콰광! 탕! 탕! 탕!"

총소리와 포탄 소리가 요란했지만, 다친 영국군 병사 브라이언을 돕는 독일군 병사의 손길은 멈추지 않았다.

적군도 치료하는 '적십자정신'

전쟁터에서는 서로 총부리를 겨누는 적이라 해도, 군복을 벗고 나면 병사들은 또래의 청년으로서 친구가 될 수도 있는 사이예요. 그렇기 때문에 우리는 다친 병사를 적이냐 우리 편이냐로 가르기에 앞서 최선을 다해 돌봐야 해요.

이렇게 사람을 가장 소중하게 생각하는 마음이 적십자정신입니다. 모든 사람을 사랑하고 서로 돕자는 박애 정신이지요. 국제 구호 단체인 적십자사에서는 국가, 종교, 인종, 사상의 차이를 떠나 누구든지 전쟁에서 부상을 입은 사람을 돕고 있어요.

적십자사가 처음 만들어진 것은 스위스 사람인 앙리 뒤낭에 의해서입니다. 앙리 뒤낭은 전쟁터에서 부상을 당한 수많은 군인들이 제대로 치료받지 못하는 것을 보고 구호 단체가 필요하다고 생각했어요. 그래서 세계 여러 나라의 도움을 받아 적십자사를 만들었어요. 전쟁터에서 부상자를 돌보는 일은 어느 편도 들지 않는 중립을 띤 것이며, 누구도 이들을 공격해서는 안 된다는 것을 여러 나라가 약속했답니다.

모두 함께 나누는 평화

우리는 지구라는 큰 마을에서 대한민국이라는 작은 동네에 살고 있는 사람들이에요. 우리의 삶은 많은 사람들과 이웃들, 나라들과 연결되어 있어요. 그래서 친구나 친척, 이웃의 고통이 우리에게도 전해지게 마련입니다. 만약 이웃집에서 늘 고함 소리가 들린다면 나의 평화도 덩달아 깨지겠지요. 나 혼자만 평화롭다고 해서 진정한 평화를 느끼기는 어려운 시대에 살고 있기 때문이에요.

진정한 평화를 이루기 위해서는 나눔이 필요해요. 나만을 위한 것이 아니라 모두를 위한 나눔이 있을 때 평화가 이루어집니다. 부족하더라도 나눔이 있는 곳에는 다툼이 일어나지 않아요. 힘들고 어려운 때일수록 나눔을 생각해야 해요. 나누려는 마음이 곧 평화를 위한 마음입니다.

7. 어린이는 보호받아야 해요

축구공을 만드는 아이들

공터는 아이들의 소리로 떠들썩하다.

"자, 이쪽으로! 내가 골을 넣을게."

아이들은 이리 뛰고 저리 뛰며 축구를 하고 있다. 제 속도를 이기지 못해 혼자서 넘어지는 아이, 서로 공을 다투다가 넘어지는 아이들도 있다. 그런데 아이들이 차는 것은 축구공이 아니다. 동물의 오줌보에 바람을 넣어 공처럼 차고 노는 것이다.

파키스탄 아이들에게 축구 선수는 선망의 대상이다. 유명한 축구 선수가 되면 돈을 많이 벌기 때문이다. 이곳에는 가난해서 학교에 갈 돈이 없는 아이들, 학교 대신 공장에 가는 아이들이 태반이다. 함께 놀던 아이들 중에 하루이틀 얼굴이 보이지 않으면 지독한 냄새를 뿜어내는 공장에 일하러 간 것이다. 꿈에 그리던 축구공을 발로 차는 대신, 축구공을 만들 일손으로 가는 것이다.

열 살 아마드도 축구 선수를 꿈꾸며 오줌보를 함께 차던 아이였다. 그러나 지금은 새벽같이 일을 하러 가야 한다. 아마드는 그나마 나은 편이었다. 공장에 일하러 오는 아이 중에는 네다섯 살짜리 꼬마도 많았기 때문이다.

아마드는 축 늘어진 채 처음 공장에 갔던 날을 떠올렸다.

"와, 이게 다 축구공이에요? 공이 정말 많다!"

아마드는 친구들과 축구하는 걸 좋아했기 때문에 공장에 있는 수많은 축구공을 보고 눈이 휘둥그레졌다.

"멋있냐? 그 마음이 얼마나 갈지 모르겠구나."

아마드를 안내하던 아저씨는 히죽 웃으며 알쏭달쏭한 말을 했다. 아마드는 축구공 구경을 하느라 아저씨의 말을 대수롭지 않게 넘겼다.

공장에 간 첫날, 축구공 만드는 기술이 없는 아마드는 공장 사람들의 일을 거드는 것부터 시작했다. 코를 찌르는 약품 냄새에 심하게 재채기가 났다. 실수로 약품 담은 그릇을 쏟으면 호되게 야단을 맞기도 했다.

공장 안에는 아마드 또래의 아이들도 많았고, 아마드보다 훨씬 어린 아이들도 많았다. 희한하게도 장님인 아이들이 많았다.

'야, 눈이 안 보이는데도 축구공을 잘 꿰매네?'

아마드는 눈이 멀고도 능숙한 손놀림으로 축구공을 꿰매는 아이들이 신기했다. 한땀 한땀 정성을 다해서인지, 아니면 하도 오래 일해서인지 그 아이들은 여간해서 실수도 하지 않았다.

'야, 여기는 축구공도 많고 아이들도 많네. 애들하고 축구하고 놀면 재밌겠다.'

아마드는 처음에는 그런 기대를 품었다. 하지만 공장의 하루는 힘겨운 일의 연속이었고, 점심시간도 제대로 없었다.

"자, 다 먹었으면 어서 일 시작해."

공장 관리인의 다그침에 모두들 힘겹게 몸을 일으킬 뿐이었다. 하루에 12시간에서 15시간을 일하고 나면 지쳐서 꼼짝할 수도 없었다.

몇 달이 지난 뒤, 아마드도 축구공 만드는 일을 했다. 축구공은 여러 개의 가죽 조각들을 일일이 꿰매야 완성된다. 가죽은 아주 질겨서 바늘이 잘 들어가지도 않았다. 그런데 옆자리에서 일하는 알리 형은 능숙하게 바느질을 하고 있었다.

"정말 잘한다! 알리 형은 어떻게 그렇게 잘해?"

"밥 먹고, 잠자고, 나머지 시간엔 이 일만 하는데 왜 못해?"

　알리 형은 아마드에게 눈길도 주지 않고 일을 했다. 그때 갑자기 아마드가 비명을 질렀다.
　"아, 내 손가락."
　아마드의 손가락에서 붉은 피가 흘러나왔다. 바늘에 힘을 주다가 그만 제 손가락을 찔러 버린 것이다. 아마드는 얼마나 아픈지 절로 눈물이 났다. 하지만 아무도 아마드의 다친 손에는 관심을 보이지 않았다.
　"처음에는 다 그래. 그러다가 손에 굳은살이 생기면 나중엔 바늘에 찔려도 하나도 안 아파."
　알리 형이 별 일 아니라는 듯이 말했다. 아마드는 두꺼운 굳은살이 앉은 알리 형의 손을 보았다. 바늘에 찔려도 피 한 방울 나지 않을 것처럼 단단해 보였다.
　"여기서 쓰는 독한 약품 때문에 장님이 된 애가 수두룩해. 그렇

게 해서 버는 돈이라고는 하루 일당 100원에서 150원이야. 너도 장님 되기 싫으면 정신 똑바로 차려."

일손을 쉬지 않으면서 알리 형이 낮은 목소리로 말했다.

'우우, 장님이 된다고? 정말 끔찍하다.'

아마드는 주위를 둘러보았다. 숙련된 기술자라고 소개된 장님 야니타도, 조르나도 다 처음부터 눈이 먼 아이들이 아니었던 것이다. 모두 아마드처럼 낯설어하다가 손을 다치고, 축구나 인형 놀이를 할 꿈을 꾸다가 이제는 모든 것을 포기한 것이었다.

'이제 나는 친구들과 뛰어노는 건 불가능해졌어.'

그런 생각이 들자, 아마드는 눈물이 솟구쳤다.

"이 녀석, 엄살이 심하군. 어서 일하지 않고 뭐하는 거야?"

공장 관리인이 피가 나는 아마드의 손가락에 대충 밴드를 붙여 주고는 다시 일을 하라고 다그쳤다. 아마드는 눈물을 훔치고 서둘러 바늘을 쥘 수밖에 없었다.

그렇게 아마드의 하루가 저물었다. 아마드가 집에 가려고 공장을 나섰을 때 하늘에는 달이 높이 떠 있었다. 집에 가서 겨우 눈을 붙이고는 다시 이른 아침에 공장에 나올 것이다.

아마드는 다친 손가락을 쥐어 보았다. 손가락이 여전히 욱신거리며 아팠다. 꿈을 모두 잃은 아마드의 가슴은 더욱 아팠다.

정의가 있어야 평화도 있어요

　마음의 평화를 얻기 위해서는 분노가 없어야 해요. 하지만 부당한 대접을 받으면 마음속에 차곡차곡 분노가 쌓일 수밖에 없지요. 따라서 평화롭기 위해서는 정의로워야 합니다. 정의롭지 않다면 누군가는 억울하고 분한 일이 생길 테고, 정의가 없다면 약한 사람은 강한 사람에게 착취당할 수밖에 없습니다.

　보호받아야 할 어린이들을 자기 마음대로 부려먹으면서도 그에 따른 정당한 대가를 주지 않는 어른들, 여자를 차별하는 사장들, 유색인종을 무시하고 부려먹는 사람들이 아직도 많아요. 자신의 이익을 줄이더라도 정당한 월급을 주는 사장이 많아져야 하고, 힘이 약한 어린이나 여성을 차별하지 않는 사람들이 많아져야 해요. 그러려면 사회적으로 약한 사람들, 즉 어린이, 여성, 유색인종이 자신의 정당한 요구를 주장하거나 바로잡는 용기가 있어야 해요. 평화는 누군가가 나의 손에 그냥 쥐어 주는 것은 아니기 때문입니다.

어린이들을 구해 주세요

　세계적으로 노동에 시달리는 어린이 노동자의 수는 약 2억 5천만 명에 이릅니다. 세계 어린이 8명 중 1명이 어린이 노동자인 셈이지요. 게다가 이중에는 10살도 되지 않은 어린이들이 많아요. 어린이 노동자들은 축구공을 만들거나 카펫을 짜는 등 매우 고된 일을 하고 있어요.

　그런가 하면 전쟁터에 끌려가 희생되는 어린이들도 많습니다. 우리가 '소년병'이라고 부르는 어린이들은 세계적으로 약 30만 명에 이른다고 해요. 가족의 복수를 하겠다며 스스로 군인이 되는 경우도 있지만, 많은 소년병들은 어른들이 강요해서, 먹고살 길이 막막해서 어쩔 수 없이 군인이 되는 경우가 더 많습니다.

　어린이 노동자와 소년병들은 미래를 꿈꾸는 건 고사하고 하루하루 아주 비참하게 살아가고 있어요. 이들을 도와서 어린이로서 누려야 할 삶을 되찾을 수 있도록 하는 일 역시 세상을 평화롭게 만드는 일입니다.

8. 서로 배려하는 마음을 가져요

푸른 강의 평화 찾기

맑고 푸른 강이 흐르는 아름다운 곳이 있었다. 푸른 강이 워낙 크고 넓다 보니, 푸른 강을 끼고 여러 마을이 생겨났다. 강이 시작되는 곳에 첫마을, 강의 중간에 가운데마을, 강의 끝부분에 끝마을이 있었다.

이곳에 사는 사람들은 아주 어릴 때부터 푸른 강에서 수영을 하고, 자라서는 푸른 강의 물을 끌어다가 농사를 지었다. 맑고 푸른 강은 이 마을들의 자랑거리였다.

그러던 어느 날이었다.

"어, 강물 색이 왜 이러지?"

"강물에서 이상한 냄새도 나는 거 같아."

여느 때처럼 강으로 물놀이를 나왔던 아이들은 울상이 되어 집으로 돌아갔다. 푸른 강이 맑은 빛을 잃고 혼탁해진 것이다.

"강물이 더러워진 건 분명 첫마을 사람들 짓일 겁니다."

"그게 무슨 말입니까?"

"저번에 농사짓는 물을 끌어다 쓰겠다는 걸 막았더니 복수를 한 거라고요."

"설마 그런 짓을!"

세 마을 중 가장 큰 마을은 끝마을이었다. 강줄기가 모여서 큰 강을 이루는 하류에 옛날부터 많은 사람들이 모여 살았기 때문이다. 하지만 세월이 지날수록 첫마을의 규모가 커졌다. 그러다 보니 옛날보다 농사를 많이 지었고, 자연히 마을에 필요한 물도 많아졌다. 그래서 얼마 전에 첫마을 사람들이 끝마을 사람들을 찾아왔다.

"요즘 비가 오지 않아서 농지에 물이 부족합니다."

"맞아요. 우리 마을도 한동안 비가 오지 않았어요."

"그래서 부탁인데, 끝마을 옆의 강물을 끌어다 썼으면 해요. 끝마을은 강의 하류라서 우리 마을보다는 물이 많잖아요."

첫마을 사람들의 말에 끝마을 사람들은 선뜻 대답을 하지 못했다. 끝마을은 푸른 강 덕분에 물은 넉넉한 편이었지만 비가 계속

오지 않는다면 물을 아껴야 하기 때문이다.

"저……, 그건 곤란합니다."

"왜요?"

"푸른 강은 우리의 오랜 젖줄과도 같습니다. 젖을 나누어 달라는 건 곤란하지요. 첫마을에 푸른 강이 흐르지 않는 것도 아니고."

끝마을 사람들은 잠시 고민을 하더니 단호하게 거절했다. 하는 수 없이 첫마을 사람들은 물을 얻지 못하고 돌아가야 했다.

"끝마을은 언제나 푸른 강의 주인 행세를 한다니까. 강이 시작되는 곳은 우리 첫마을이고, 우리 마을에서 물이 흘러내려가 큰 강을 이루는데 말이야."

"푸른 강의 물을 가장 많이 사용하면서도 미안해하기는커녕 더 가지려 드는 욕심쟁이들이야."

첫마을 사람들은 끝마을 사람들에게 화가 나 있었다.

강물이 더러워지자, 끝마을 사람들은 불편한 것이 많아졌다. 강물 근처에서 나는 고약한 냄새 때문에 머리가 아플 지경이었고, 물이 더럽다 보니 마실 물도 부족했다. 하는 수 없이 끝마을 사람들은 강을 거슬러 첫마을로 갔다.

"여기는 물이 깨끗하군."

"여기에서 마실 물을 길어 가야겠어."

끝마을 사람들은 준비해 온 물통에 물을 퍼담기 시작했다. 그 때 첫마을 사람들이 몰려왔다.

"아니, 이게 대체 뭐 하는 짓이오?"

끝마을 사람들은 첫마을 사람들의 고함에 깜짝 놀랐다.

"왜 우리 마을의 물을 훔쳐가는 거요?"

"푸른 강이 어째서 당신들 것이란 말이오? 우리도 푸른 강 마을 사람들이지 않소?"

끝마을 사람들이 항의하자, 첫마을 사람들도 지지 않았다.

"허허, 그거 참 우스운 말이군요. 지난번에 우리가 물을 좀 나눠 쓰자고 할 때는 끝마을의 젖줄이라며 반대하더니, 이제는 푸른 강이 모두의 것이란 말이오?"

"우리 끝마을의 강물이 모두 오염됐소. 첫마을 사람들이 강에 더러운 것을 버려서 물을 더럽혔기 때문에 이런 일이 생긴 것 아닙니까?"

결국 끝마을 사람들과 첫마을 사람들은 엉겨 붙어 싸움을 하고 말았다. 이들의 싸움은 시간이 지날수록 횟수도 늘고 싸움의 규모도 더 커졌다. 푸른 강을 끼고 있던 마을 사람들의 평화는 푸른 강을 차지하려는 다툼 때문에 깨져 가고 있었다.

"첫마을에서는 끝마을이 밉다고 강물을 더럽히고, 끝마을에서는 좀 더 깨끗한 첫마을의 강물을 더 많이 차지하겠다고 하고. 푸른 강 주위가 온통 싸움판이 되고 있군."

가운데마을 사람들은 첫마을과 끝마을의 다툼을 보며 안타까워했다.

"우리가 나서서 두 마을 사람들을 화해시킵시다."

가운데마을 사람들은 둘로 나눠서 첫마을과 끝마을로 갔다.

"끝마을 사람들이 밉다고 강물을 더럽히면 결국 온 세상이 더러워질 거예요. 끝마을 사람들을 미워하는 마음을 거두세요."

"첫마을 사람들의 어려움을 헤아려 보세요. 농작물이 말라 간다면 얼마나 안타깝겠어요. 물을 나눠 썼으면 좋았잖아요."

가운데마을 사람들은 첫마을과 끝마을 사람들에게 서로 이해하고 배려하는 마음을 갖도록 설득했다. 가운데마을 사람들의 노력으로 첫마을과 끝마을은 닫혔던 마음의 문을 조금씩 열었다.

"우리는 끝마을에서 깨끗한 물을 사용할 수 있도록 물을 잘 관리하는 데 힘쓰겠어요."

"우리는 첫마을에서도 물을 넉넉히 쓸 수 있도록 강물을 나누어 쓰겠어요."

첫마을 사람들과 끝마을 사람들은 화해하고, 서로를 배려하는 행동을 하기 시작했다. 서로 물을 나눠 쓰고 깨끗하게 쓰니, 아름답고 맑은 푸른 강이 돌아왔다. 푸른 강 주위에 다시 평화가 찾아왔다.

나일 강에 벌어진 물 전쟁

　세계에서 가장 긴 강인 나일 강을 둘러싸고 나라 사이에 갈등이 생겨나고 있어요. 강은 사람들에게 마실 물을 제공하는 것은 물론, 농사를 짓거나 물고기를 잡아먹거나 수력 발전을 하는 등 여러 가지로 이용할 수 있는 좋은 자원이지요. 그런데 사람들이 많아지고 물의 사용량이 늘어나자, 나일 강을 두고 에티오피아와 이집트 사이에 다툼이 생긴 거예요.

　특히 나일 강의 한 줄기가 시작되는 에티오피아는 비가 거의 내리지 않는 나라이므로, 나일 강을 이용하는 일이 무척 중요했어요. 에티오피아에서는 댐을 많이 건설하고 싶어했지요. 하지만 지금까지 나일 강의 많은 물을 이용했던 이집트에서는 강 상류인 에티오피아에서 댐을 만든다면 나라에 위기가 올 것이라고 반대했어요. 나일 강의 혜택을 받고 있는 동아프리카의 나라들도 물 문제는 아주 중요해요. 이 일이 해결되지 않는다면 이 지역에 전쟁이 일어날 위험도 아주 커지고 있습니다.

부족한 자원을 나눠 써요

평화를 깨뜨리는 갈등 속에는 자원의 문제도 있습니다. 석탄, 석유, 천연가스, 수산물, 해수, 지하수, 광물 등 천연자원을 많이 가진 나라에서는 비싼 값에 자원을 사고팔 수 있지요. 따라서 이를 둘러싸고 지역 간, 나라 간 갈등이나 다툼도 많이 생깁니다.

푸른 강을 둘러싼 마을 간의 다툼이나 나일 강을 두고 두 나라가 싸움을 벌이는 것을 보면, 무슨 생각이 드나요? 평화를 지키기 위해서는 서로 간의 이해와 배려가 필요하다는 것을 알게 되지요.

그리고 이런 다툼은 더 많아질 수밖에 없어요. 자원은 한정되어 있는데, 그걸 사용하려는 사람은 많아졌기 때문이지요. 그러나 이런 자원으로 인한 갈등을 힘이나 다툼보다는 평화적으로 해결하려는 노력이 필요합니다.

9. 민주주의를 지켜야 해요

김대중, 평화의 사도

김대중은 전라남도 신안군에서 태어났다. 김대중은 흥국해운이라는 기업을 만들고, 《목포일보》 사장을 거치는 등 성공한 사업가의 길을 걸었다.

그러나 대한민국의 상황이 김대중을 정치의 길로 뛰어들게 만들었다. 국민들을 핍박했던 친일파 인사들이 정부 요직의 주요 자리를 차지하고, 관리들의 부정부패가 끊이지 않았다. 게다가 정부에서는 이에 대한 잘못을 고치라고 요구하는 사람들을 무조건 잡아들이고, 고문하고, 죽이기도 했다. 국민들의 의견은 무시한 채 대통령 자리에 오랫동안 있기 위해 법까지 고쳤다.

'바른 정치'가 있어야 국민들이 편안하고 행복하게 산다고 생각한 김대중은 정치의 길로 들어섰다.

그 뒤, 1970년 김대중은 야당의 대통령 후보가 되었다.

"우리는 박정희 대통령의 독재를 막고, 평범한 사람들이 주인이 되는 민주국가를 만들어야 합니다. 더불어 남북통일을 위해 노력해야 합니다."

김대중 후보는 선거에 나서며 민주주의와 남북통일의 필요성을 강조했다. 민주주의를 갈망하는 국민들은 김대중을 지지했다. 하지만 정부에서는 남북통일을 주장하는 김대중을 '빨갱이', '공산주의자'로 몰아세웠다.

김대중 후보의 인기가 높아지자, 박정희 대통령은 대통령 자리를 빼앗길까 봐 두려웠다. 결국 박정희 대통령은 부정선거를 하면서 또 대통령 자리에 올랐다.

하지만 김대중은 이대로 포기하지 않고 민주주의를 위해, 한반도의 평화를 위해 동서남북으로 분주하게 뛰었다.

그러던 어느 날이었다.

"아니, 저 트럭이 왜 저러지?"

커다란 트럭이 중앙선을 넘어서 김대중이 탄 자동차를 향해 돌진해 왔다. 자동차는 미처 피할 새도 없이 충돌하고 말았다. 김대중이 탄 자동차는 하늘로 붕 떠올랐다가 논바닥에 처박히고 말았다. 너무나 큰 사고였던 터라 김대중의 온몸은 순식간에 피범벅이 되었다. 그런데 어찌 된 일인지 사고를 낸 트럭 운전사가 재빠르게 도망을 치는 것이 아닌가. 김대중은 그 순간 사고가 일어난 까닭을 눈치 챘다.

'이건 나를 죽이기 위한 정부의 음모로구나.'

이 사고로 김대중은 다리를 크게 다쳐 평생 지팡이를 짚고 살게 되었다. 하지만 그후로도 며칠씩 납치를 당하기도 하고, 감금도 당했다. 그래도 김대중은 굴하지 않고 민주주의와 인권을 외쳤고, 그럴수록 정부의 탄압은 더욱 거세졌다.

1980년, 감옥에 있던 김대중은 뜻밖의 놀라운 소식을 듣게 되었다. 감옥에 있는 자신이 내란을 일으켜 나라를 뒤흔들려고 했다는 것이다. 박정희 대통령은 심복이었던 김재규에게 살해당하

고, 혼란한 틈을 타 다시 군인들이 총칼을 들고 정권을 차지했는데, 그 과정에서 군인들은 민주주의를 외치는 많은 사람들을 죽이고 다치게 했다. 그리고 그 잘못을 덮기 위해 김대중에게 내란을 일으키려 했다는 죄목을 뒤집어씌운 것이다.

"감옥에 있는 내가 내란을 일으켰다니, 이런 억지가 있나."

김대중은 너무 억울했다. 하지만 새로운 군사 정권 역시 김대중을 없애려 혈안이 되어 있을 뿐이었다.

"김대중에게 사형을 선고한다!"

말도 안 되는 죄목이었음에도 법원의 판결은 '사형'이었다. 많은 사람들은 어처구니없는 판결에 울분을 터뜨렸다.

"과연 우리나라가 민주주의 국가인가?"

"대한민국에 법이 있는가! 어떻게 사형 판결을 내린단 말인가!"

제발 사형만은 면하기를 바랐던 김대중이었다. 하지만 김대중은 차분하게 최후 진술을 했다.

"나는 사형 판결을 받아 죽음을 각오하고 있습니다. 그래서 이 자리를 빌려 여러분께 유언을 하려 합니다. 민주주의는 반드시 이루어질 것입니다. 그때 민주주의를 위해 죽어 간 사람들을 위해서건, 나를 위해서건 절대로 정치 보복을 하지 않기 바랍니다. 이것은 진정한 나의 소망입니다."

사형수 김대중의 유언은 의외였다. 억울하게 목숨을 잃을지 모르는 상황에서도 김대중은 평화와 민주주의만을 생각한 것이다.

다행히 김대중의 사형은 이뤄지지 않았다. 세계 여러 나라에서 김대중의 석방을 요구하며 압력을 행사하니, 힘센 정부에서도 마음대로 사형을 집행할 수는 없었다. 김대중은 감옥에서 풀려났지만, 정부의 압력으로 미국으로 떠나게 되었다. 김대중은 고국을 떠나서도 나라를 위해 자신이 할 일을 찾기 위해 열심히 공부했다. 그리고 다시 한국에 돌아와 뛰어난 정치가로 활동하다가 1997년, 국민들의 지지로 대통령에 당선되었다.

대통령이 된 김대중은 갑자기 닥친 경제 위기로 어려워진 국민들과 나라 살림을 챙기기 위해 애썼다. 그러는 한편 대한민국의 평화를 위해 남한과 북한이 통일을 해야 한다는 평소의 믿음대로 북한과 만나려고 무진 애를 썼다.

결국 그 노력은 결실을 맺어 2000년 8월, 처음으로 남북한 정상회담이 이뤄졌다. 남한의 김대중 대통령과 북한의 김정일 국방위원장이 손을 맞잡은 그 순간, 세계의 관심도 한반도에 쏠렸다.

그리고 김대중 대통령은 자신을 죽이기 위해 사형 선고를 내리며 억압했던 사람들을 용서했다. 자신이 최후 진술에서 간절히 소망했던 것처럼 대통령이라는 큰 권력을 가지고 어떤 정치 보복도 하지 않았다.

김대중 대통령은 목숨을 내걸고 평생 민주화를 위한 투쟁을 했고, 한반도 통일을 위한 노력을 기울였다는 점을 인정받아 2000년 노벨 평화상을 받았다.

평화를 위해 노력하는 사람들

이 세상에는 '평화'를 얻고 지키기 위해 자신을 희생하는 사람들이 많이 있어요. 전 세계의 의사들은 '국경 없는 의사회'를 만들어 다친 사람을 돕는 일을 합니다. 아픈 사람이라면 그 사람이 어느 나라 사람이든, 부자든 가난뱅이든 상관없이 치료를 받을 수 있어요.

'유니세프'에서는 세계 어린이들의 인권을 보호하기 위한 활동을 펴고, '국제 사면 위원회' 역시 인권을 보호하고, 고문 등 가혹 행위를 반대하는 활동을 펼쳐 평화로운 세상을 만들기 위해 노력하고 있어요.

이렇게 세계 평화를 위해 노력한 사람들에게는 노벨 평화상을 수여하곤 하는데, 노벨 평화상은 스웨덴의 화학자인 노벨에 의해 만들어졌어요. 노벨은 자신이 발명한 다이너마이트로 많은 돈을 벌었지만, 그것이 전쟁 무기로 쓰이게 되자 죄책감을 느끼고 전 재산을 기부하여 노벨 평화상을 만든 거예요. 자신이 평생 벌어들인 돈이 평화를 지키는 데 쓰이기를 바란 것입니다.

복수는 또다른 비극을 낳아요

　제2차 세계 대전을 일으킨 독일의 히틀러는 유대인에 대한 적개심으로 600만 명이나 되는 유대인을 죽였어요. 유대인들은 유대인이라는 이유만으로 수용소로 끌려가 죽음을 당해야 했지요.

　그런데 한편에서는 유대인을 살리기 위해 노력한 독일인도 있었습니다. 그중 한 사람이 바로 쉰들러입니다. 쉰들러는 독일 군인을 매수하여 수용소로 끌려가던 유대인 1100명을 구했어요. 쉰들러는 자신이 구한 유대인들에게 이런 당부를 하곤 했어요.

　"사람에겐 마땅히 지켜야 할 도리가 있는 법입니다. 스스로 나서서 복수하지 말고, 잘못을 저지른 이들이 법의 심판을 받도록 하세요."

　쉰들러는 복수가 계속되면 평화를 지킬 방법이 없다는 것을 알고 있었어요. 누군가 멈춰야만 그 같은 비극이 끝날 것이라고 생각한 것입니다.

10. 핵무기를 만들지 마세요

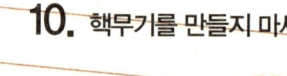

인류를 끝장낼 작정입니까?

"여러분은 우리 시대의 프로메테우스입니다."

프로메테우스는 그리스 신화에 나오는 불의 신으로 사람들에게 불을 선사했다. 사람들은 프로메테우스 덕분에 불을 사용하여 추위를 피하고, 생활을 편리하게 꾸렸다.

그런데 현대인들은 핵 개발 과학자들을 프로메테우스라 불렀다. 그들이 핵폭탄을 개발했기 때문이다. 핵폭탄은 그동안 생산된 무기들과는 비교도 안 될 정도로 강력한 무기였다.

핵 개발을 시작한 것은 제2차 세계 대전 무렵이었다. 당시 미국에는 세계 각지의 과학자들이 모여 핵 개발 연구를 하고 있었다. 이른바 '맨해튼 프로젝트'였다.

"독일을 물리치기 위해서는 핵폭탄이 필요합니다."

"맞아요. 세계 전쟁을 일으킨 독일이 핵폭탄 개발을 하고 있다니, 우리가 먼저 개발해서 평화를 지켜야 해요. 핵폭탄이라면 독일도 어찌할 수 없을 겁니다."

과학자들은 핵폭탄만이 세계 평화를 구하는 길이라 믿고 밤낮없이 연구를 했다. 이렇게 만들어진 최초의 핵무기 이름은 '리틀 보이'였다. 리틀 보이는 당시 미국의 루스벨트 대통령의 별명이었다.

"이제 평화가 멀지 않았습니다. 핵폭탄을 만들었으니 이 전쟁을 끝낼 수 있습니다."

과학자들은 핵 개발이 세계 평화를 앞당길 것이라며 기뻐했다. 전 세계를 전쟁에 몰아넣은 독일, 이탈리아, 일본의 세 나라를 무릎 꿇게 할 수 있다고 생각한 것이다.

그러나 한쪽에서는 핵폭탄 개발을 걱정하는 과학자도 많았다. 핵의 위험성을 잘 알았기 때문이다. 핵폭탄의 힘은 2만 톤의 티엔티(TNT) 폭탄의 위력을 가지고 있었다. 지금까지 본 적도, 상상한 적도 없는 어마어마한 대량 살상용 무기가 만들어진 것이다.

다행히도 1945년 4월, 독일을 이끌던 무시무시한 독재자 히틀러가 죽고, 독일은 항복을 했다. 핵폭탄을 만든 과학자들은 가슴을

쓸어내렸다. 엄청난 위력의 핵폭탄을 쓸 일이 없어졌으니 얼마나 다행인가. 하지만 이들의 기대는 보기 좋게 빗나갔다.

불과 몇 달 뒤인 8월, 과학자들에게 놀라운 명령이 떨어졌다.

"어서 핵폭탄을 준비하세요."

"아니, 독일이 항복했는데……."

"정부의 명령입니다. 우리는 핵폭탄을 터뜨려야 합니다."

"뭐라고요? 도대체 어디에 터뜨린다는 겁니까?"

"아직 일본이 남았습니다."

과학자들은 일본에 핵폭탄을 사용하겠다는 정부의 말을 이해할 수 없었다. 핵폭탄은 처음부터 평화를 되찾기 위한 도구일 뿐이었다. 전쟁을 끝내고, 더 큰 희생을 막기 위해서 핵을 이용하려는 것이었지, 핵이 있다고 과시하기 위한 것이 아니었다.

핵폭탄 개발 책임자 역할을 했던 과학자 오펜하이머는 깊은 고민에 잠겼다.

"박사님, 무엇을 걱정하고 계십니까?"

동료 과학자가 물었다.

"저 불쌍한 사람들을 어찌해야 좋을지……."

오펜하이머는 그 순간 일본 사람들을 걱정했다.

1945년 8월 6일, 끝끝내 일본 히로시마 상공에서 핵폭탄이 떨어졌다. 핵폭탄의 폭발로 히로시마 전체 인구의 30퍼센트가 그 자리에서 죽고 말았다. 그리고 3일 후에는 일본의 나가사키에 핵폭탄이 터졌다. 이때 죽은 사람은 10만 명이 넘는 것으로 알려졌다. 핵폭탄을 프로메테우스의 선물로 여겼던 사람들에게 그 순간 핵폭탄은 죽음의 사자였다.

과학자들은 한때 핵 개발에 힘을 쏟아 부었지만, 그것은 도리어 인류를 망치는 일이라는 것을 깨달았다. 독일이 핵무기를 개발할 것이니 이에 맞설 대책이 필요하다고 미국을 부추겼던 과학자 아인슈타인마저 유명한 철학자인 버트런드 러셀과 함께 세상을 향해 핵무기의 위험성을 알렸다.

"인류를 끝장낼 작정입니까?"

러셀과 아인슈타인은 핵무기를 반대하는 운동을 적극적으로 해나갔다.

맨해튼 프로젝트의 책임자였던 오펜하이머도 핵무기를 반대하고 나섰다.

"우리는 유리병 속에 든 전갈 두 마리와 같습니다. 서로 죽일 수 있는 능력을 가졌지요. 하지만 그렇게 하려면 자신의 목숨을 걸어야 합니다."

핵무기를 사용하여 평화를 지킨다는 것은 틀린 말이었고, 핵무기는 평화를 위한 것이 아니라 평화를 위협하는 것이었다. 러셀과 아이슈타인의 핵 반대 선언과 함께 핵 개발 과학자들이 모여 '퍼그워시 회의'를 만들었다. 퍼그워시 회의에서는 적극적으로 핵의 위험을 알려 핵 확산을 막고, 핵을 반대하는 일들을 하고 있다.

평화를 위한 전쟁은 없어요

지금까지 있었던 수많은 전쟁 중에는 평화를 되찾기 위해 치렀던 전쟁도 있었습니다. 나라 안에서 다툼이 생겼을 때 이를 해결하기 위해서 다른 나라 군대가 참전하기도 했고, 세계 전쟁을 일으킨 나라를 공격해서 전쟁을 끝내려 하기도 했지요.

하지만 그렇게 치른 전쟁의 결과는 엄청난 것이었어요. 미국이 일본에 원자폭탄을 떨어뜨린 뒤 세계 전쟁은 마무리되었지만, 원자폭탄의 영향으로 병에 걸려 고통 받는 사람이 생기고, 질병은 후손들에도 이어져 기형아나 암 발병률이 높아진 것입니다.

또, 전쟁 때 묻어 두었던 지뢰는 끔찍한 일을 만듭니다. 이것은 전쟁이 끝난 후에도 사람들의 눈에 띄지 않고 땅에 묻혀 있어요. 아무것도 모르고 뛰어놀던 어린이들은 갑자기 땅에서 지뢰가 터져서 목숨을 잃기도 하고, 팔다리를 잃어서 평생을 장애인으로 살기도 하지요. 그러므로 평화를 찾겠다고 전쟁을 일으키는 것은 잘못된 생각입니다.

옛날 전쟁과 오늘날의 전쟁

오늘날의 전쟁은 첨단 무기로 이루어집니다. 컴퓨터 게임을 하듯이 적의 지역에 대량으로 무기를 살포하여 공격하지요. 그래서 전쟁이 나면 군인보다 일반인이 다치고 죽는 일이 많아졌습니다. 아무리 적의 군사 지역을 공격한다고 해도 하늘에서 뿌리는 폭탄의 파괴력은 어마어마해서 주변에 있는 일반인도 공격 대상이 되곤 하지요.

그렇다면 옛날 전쟁은 어땠을까요? 먼 옛날 사람들은 전쟁은 인간이 아닌 신과 관련이 있다고 믿었습니다. 그래서 전쟁 전에 의식을 치렀습니다. 그리고 싸우기에 앞서 갈등을 해결하려 노력했고, 공격에 앞서 쳐들어간다는 선전포고를 하고 전투를 벌였어요. 하지만 이때도 아무나 공격하지는 않았어요. 왕은 왕하고만 싸울 수 있었어요. 그래서 전쟁에서 죽는 사람의 수는 지금과 비교가 되지 않을 정도로 적었어요. 고대 사람들은 전쟁도 원칙을 지키며 했던 것입니다.

11. 자연의 순리를 따라요

라다크 사람들

　지구의 지붕이라 불리는 히말라야 산맥 근처 굽이굽이 흐르는 산봉우리 한가운데 고원이 펼쳐져 있다. 그곳의 이름은 '라다크'이다. 추운 날이 계속되고 비가 잘 오지 않는 라다크. 하지만 그곳에는 우리가 상상하지 못한 평화가 있다고 한다.
　어느 날, 한 서양인이 라다크 마을을 찾아갔다. 그날은 마침 라다크의 파종 시기를 정하는 날이었다. 추운 지역인 라다크에서는 일 년 중 4개월 정도만 식물이 자랄 수 있다. 그래서 밭에 씨를 뿌리는 파종은 아주 중요한 일이었다. 그런데 라다크 사람들은 파종을 하기 전에 마을 꼭대기에 쌓아올린 돌탑을 바라보았다.
　"그림자의 방향과 모양이 어떤가요?"

"음, 이때쯤이면 파종을 해도 좋아요. 내일 파종을 하세요."
서양인은 그 모습이 낯설고 신기했다.
"저 사람은 누군가요?"
"우리 마을 점성가예요. 별자리를 잘 보지요."
라다크 사람들은 기후 센터의 도움을 받는 것이 아니라 돌탑의 그림자를 살피고 점성가의 말에 따라 파종 날을 정했다.
다음 날, 라다크 사람들은 씨를 뿌리며 풍년가를 불렀다. 씨를 뿌린 후에는 땅과 물의 영혼을 달래는 제사가 이어졌다.
"땅을 파헤치고 돌을 깨는 것은 땅의 평화를 깨뜨리는 일이에요. 그러니 땅의 영혼을 달래야지요. 자연의 평화는 소중하니까요."
라다크 사람들이 서양인에게 일러 주었다.
그날 밤, 서양인은 한 가정에 초대를 받았다. 서양인은 화로 옆자리로 안내를 받았는데, 라다크에서는 화로 옆자리에 귀한 사람을 앉게 했다.
"우리 할머니는 창을 잘 만들어요."
"창이 뭐죠?"
"라다크의 술이에요. 보리를 발효시켜서 만드는데 보리 찌꺼기에 몇 번이나 더 물을 부어서 술을 걸러 내지요."

"그럼 그 보리는 이제 버려야겠군요?"

"아니요, 할머니는 그 보리를 잘 말려서 가루로 만들어요. 그럼, 다시 먹거리가 되지요."

"들어오다 보니 돌담에서 똥도 말리던데, 그것도 쓰나요?"

"맞아요. 똥을 말려서 겨울에 땔감으로 사용하지요."

서양인은 라다크에서는 쓰레기를 찾기 힘들다는 걸 알았다. 아껴서 사용하고, 쉽게 버리지 않고 다시 사용하니 사람들의 생활은 풍족할 수밖에 없었다.

그때 아기 울음소리가 들렸다.

"아가야, 왜 우니?"

할머니는 아기를 가슴에 꼭 품어 안았다. 라다크의 아이들은 언제나 가족의 사랑을 받고 자랐다. 어린 아기를 돌보는 일에는 엄마 아빠가 따로 없었고, 엄격한 규율도 없었다. 무조건적인 사랑만을 줄 뿐이었다.

"아기가 원하는 걸 다 들어주면 버릇없이 행동하지 않을까요?"
서양인이 걱정스레 물었다.

"아기는 여러 사람의 사랑을 충분히 받고 자라면서 책임감을 배우게 되지요. 사랑을 주면서 걱정할 필요는 없어요."

서양인은 고개를 끄덕였다. 라다크 사람들이 언제 어느 때든지 아이와 함께하는 모습을 보니 그 말이 이해가 되었다.

얼마 후, 서양인은 한 가게에서 이상한 모습을 보았다.

"며칠 전에 주문한 물건을 찾으러 왔어요."

손님이 주인에게 말했다.

"어쩌지요? 급한 분이 먼저 가져갔어요. 좀 더 기다려 주세요."

"음, 알겠어요. 나중에 다시 오지요."

서양인은 그 상황을 이해할 수 없었다. 자신이 주문한 물건을 다른 사람에게 먼저 준다는 건 약속을 어기는 것이었다.

"어떻게 그럴 수 있지요? 저 사람이 먼저 주문을 했잖아요."

서양인이 주인에게 따져 묻자, 주문한 사람이 말했다.

"괜찮아요. 우리는 모두 함께 사는 거잖아요.

이해할 수 있어요."

라다크 사람들은 상대에게 쉽게 화내는 법이 없었다. 서양인은 오히려 자기만 화를 내고 있다는 걸 알았다. 상대를 이해하고 배려하면 라다크 사람들처럼 화낼 일이 없는 것이다.

라다크는 8개월씩 이어지는 혹독한 추위가 있는 곳이며, 비가 내리지 않아 산 위에 있는 눈이나 얼음 녹은 물로 생활하는 곳이다. 혹독한 자연 환경 속에서도 라다크 사람들은 서로를 이해하고 배려하는 마음으로 행복하게 산다. 발달한 문명이나 기술로 보면 가난하고 불편한 곳이지만 라다크는 평화가 가득하여 살기 좋은 곳이었다.

* 이 글은 〈오래된 미래〉의 일부 내용을 참고하여 구성한 것입니다.

라다크 사람들에게 배우는 평화의 기술

라다크 사람들의 생활을 보면 자연이 주는 평화가 얼마나 좋은지 느끼게 됩니다. 자연 속에서 자연의 순리대로 살 때 사람에게도 평화가 찾아오는 것이지요.

라다크 사람들에게 가장 심한 욕은 '숀찬'이라고 합니다. 이 말은 '화를 잘 내는 사람'이란 뜻입니다. 서로 이해하고 배려하면 되는데 왜 화를 내냐며 화내는 사람을 나무라는 것입니다.

하지만 살다 보면 사람들 사이에서는 갈등이 생기게 마련이에요. 이때는 라다크 사람들만의 방법으로 평화를 유지하지요. 바로 '제3의 중재자'가 나서는 것입니다.

중재자는 갈등을 겪는 두 사람의 이야기를 차례로 듣고 해결 방법을 찾아주어요. 중재자는 최대한 공정하게 판단하기 위해 노력하고, 두 사람은 중재자의 말을 믿고 따릅니다. 이것은 언제나 평화롭게 사는 라다크 사람들이 갖고 있는 평화의 기술입니다.

자연 파괴로 깨지는 평화

　남아메리카의 아마존 정글에는 오랜 옛날부터 자연과 어울려 사는 부족들이 있었어요. 그들은 자연에 순응하며 평화롭게 살았지요. 사냥을 해서 온 부족이 사이좋게 나눠 먹고, 서로를 존중했어요. 그런데 아마존이 개발되면서 그들의 평화는 깨졌어요. 개발업자들이 그들의 터전을 파괴했고, 개발업자와 부족 간의 다툼이 생겨 부족민들은 목숨을 잃기도 했어요. 그리고 이어진 환경 파괴는 기후 이상을 불러와 아마존 정글에 자연 발화를 일으키곤 했어요. 숲이 불타면 또 다시 원시 부족의 터전은 사라져 버렸어요.

　라다크 마을도 외부 사람들이 들락거리게 되면서 예전과는 많이 달라졌어요. 차가 다니고, 공장이 들어서고, 학교가 들어서고, 여행객들이 묵을 숙소가 생겼지요. 그러면서 라다크 사람들의 생활에도 변화의 바람이 불고 있습니다. 과연 이것이 좋은 일일까요, 나쁜 일일까요?

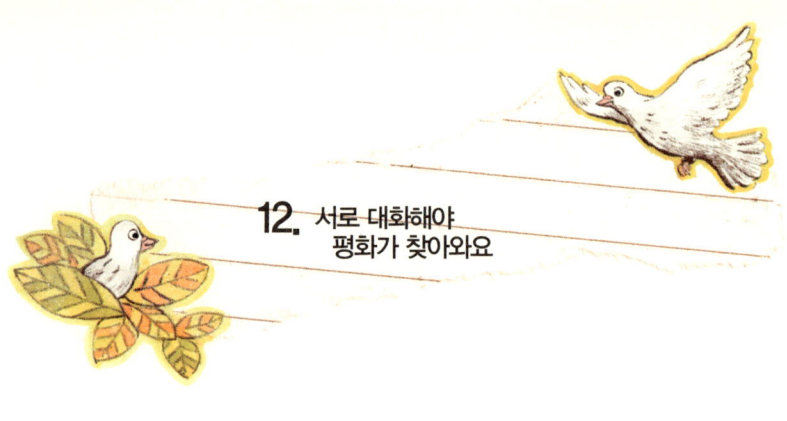

12. 서로 대화해야 평화가 찾아와요

철원 노동당사 앞에서

"엄마, 나 일어났어요!"

미소는 엄마가 깨우기도 전에 벌떡 일어났다. 며칠 전부터 기다리고 기다리던 답사 여행이 바로 오늘이기 때문이다.

미소는 한 달에 한 번, 요즘 초등학생들의 필수 코스로 등장한 역사 유적지 답사를 가곤 한다. 늘 똑같은 생활을 반복하다가 친구들과 어울려 여행을 갈 수 있어서 정말 좋다!

친구와 만난 순간부터 미소의 수다는 멈출 줄을 모른다. 까르르 웃고 즐기는 사이 오늘의 답사지인 철원에 도착했다.

"애들아, 선생님이 읽어 보라는 책 읽었지? 오늘은 우리나라의 비극이었던 6·25 전쟁과 관련이 있는 곳에 가는 거야."

선생님이 오늘 수업과 관련한 이야기를 시작했다.

미소는 그제야 오늘 답사지가 전쟁과 관련된 곳이었음이 생각났다. 미소가 깜박 잊고 있었다는 걸 엄마가 안다면 공부가 우선이냐, 여행이 우선이냐며 잔소리를 했을 거였다.

"우리가 온 이곳은 북한 노동당사야. 1946년에는 이곳이 북한 땅이었지."

미소는 자신이 밟고 있는 땅이 예전에는 북한 땅이었다는 말에 왠지 신기하기도 하고 으스스하기도 했다.

당사 앞마당은 운동장처럼 넓었다. 게다가 잔디까지 깔려 있어서 마음만 먹으면 얼마든지 신 나게 놀 수도 있을 터였다.

"노동당사는 6·25전쟁 때 거의 부서져 지금은 외곽만 남은 상태지. 건물 곳곳에 총탄을 맞은 흔적이 있단다. 저쪽 계단으로는 탱크가 올라간 흔적도 고스란히 남아 있지."

미소는 전쟁터에 온 것처럼 온몸이 뻣뻣해졌다. 정말 가까이 다가가서 보니 노동당사 건물은 우뚝 솟은 듯했지만 뼈대만 남아서 금방이라도 넘어질 듯 불안해 보였고, 여기저기 총알과 포탄을 맞아 생채기가 나 있었다.

"6·25 전쟁이 정말 치열했나 봐요?"

"그래, 이곳 강원도는 특히나 더 치열한 전투가 많았단다. 38선

을 두고 조금이라도 땅을 더 차지하려고 전투가 끝없이 벌어졌었지. 또 이곳 철원 당사는 북한의 정부 기관이니까 남한에서는 이곳을 무너뜨리려고 더 강한 공격을 하기도 했어."

"그때는 우리가 같은 민족이란 생각을 못했나 봐요?"

미소는 입술을 삐죽 내밀며 불만스럽게 말했다. 어른들은 우리가 싸우면 혼을 내면서, 정작 어른들은 같은 민족끼리 치열한 전투를 벌였다는 게 말이 안 된다는 생각이 들었다.

"그러게 말이야. 그때라고 남과 북이 서로 같은 민족이라는 생각이 없었겠니? 다만 서로 다른 생각, 다른 사상을 가지고 다른 나라를 세웠으니, 각자 좀 더 차지하려고 그랬던 거지."

"선생님, 그때는 우리나라가 일본 식민지에서 해방된 지 얼마 되지도 않았잖아요. 간신히 나라를 되찾았는데 그렇게 적이 되어 싸운다는 게 이해가 안 돼요."

이번에는 친구들 중 한 명이 말했다.

"그래, 광복이 되고 얼마 지나지 않은 때였지. 그런데 그때는 세계적으로 공산주의와 자유주의가 대립하던 때였단다. 민족이나 핏줄보다도 사상을 더 중요하게 생각했던 때지. 그러다 보니 공산주의의 대장인 소련과 자유주의의 대장인 미국이 6·25전쟁의 휴전에 관여하면서 우리나라를 분단시켰고, 우리

나라 스스로 그것을 지켜내지 못했다는 건 어른들이 반성해야 할 일이야."

선생님의 갑작스런 자기반성에 아이들은 왠지 미안한 마음이 들었다.

"에이. 선생님이 한 일도 아니잖아요!"

"내가 그 시대를 산 어른은 아니지만, 아직도 조국이 분단되어 있으니 내게도 책임이 있는 거지."

선생님은 다시 힘을 내 설명을 이어 갔다.

"노동당사는 1946년에 지어진 건물이야. 그런데 북한이 이 건물을 지으려고 들인 돈이 어마어마하단다. 북한 정부는 당시 강원도 사람들에게 당사를 짓기 위한 성금을 걷었는데, 무려 1리 당 쌀 200가마 정도를 걷었다고 해. 1리면 약 390미터이니, 엄청난 부담이었을 거야. 내부 공사를 할 때는 공산주의를 신봉하는 사람만 참여하게 했다는구나. 비밀이었던 거야."

미소는 공산주의니 자유주의니 하는 것이 무엇인지 정확히 이해하기는 어려웠다. 하지만 그때 사람들은 서로에게 의심도 비밀도 많았다는 생각이 들었다. 그리고 그런 비밀들이 그들 사이에 평화를 깼다는 생각도 들었다. 서로 마음을 터놓고 이야기하면 풀리지 않는 일은 없다는데, 처음부터 너무 벽을 쌓다가 결국 휴전선이 만들어진 것이 아닌가 하는 생각이 들었다.

선생님은 잠시 후 철로가 끊어진 곳으로 미소와 친구들을 안내했다.

"우리가 타고 온 경원선은 원래는 용산에서 함경도까지 이어진 철도란다. 그런데 6·25전쟁이 일어나면서 휴전선으로 남과 북이 가로막히고 철도도 여기에서 끊기게 되었단다."

끊어진 철도를 보자 미소의 마음이 무거웠다. 평화가 사라지면서 우리나라에는 너무나 많은 것이 부서지고 끊겼다는 생각이 들었다.

분단은 우리 민족의 아픔이에요

일제강점기 때 우리 민족은 빼앗긴 나라를 되찾기 위해 치열하게 독립운동을 펼쳐 왔어요. 그런데 미국이 일본에 원자폭탄을 떨어뜨리면서 일본이 항복을 했어요. 우리나라는 해방되었지만 미국과 소련이 한반도를 간섭하면서 우리나라는 하나의 정부를 세우지 못하고 남한과 북한에 각각 다른 정부를 세우게 되었지요.

북한은 우리 남한을 호시탐탐 넘보다가 1950년 6월 25일에 전쟁을 일으켰어요. 그리고 1953년 7월에 38선을 기준으로 휴전을 선언하게 됩니다. 사람들은 당시만 해도 남과 북으로 오가는 일이 영영 불가능하게 될 줄은 상상도 못했어요. 하지만 그날 이후로 38선은 서로 넘을 수 없는 선이 되었습니다. 따라서 통일만은 올곧이 남과 북이 함께 고민해서 이루어 가야 하는 숙제로 남게 되었답니다.

남북통일로 진정한 평화를 이루어요

1980년대에 들어서면서 냉전 상황이던 국제 정세가 달라지면서 남한과 북한의 관계도 조금씩 변하기 시작했어요. 남과 북은 통일을 이루기 위해서는 서로 대화해야 한다는 것을 알게 되었지요. 그 결과 1994년 7월 25일, 최초로 남과 북의 최고 지도자가 만나기로 했지만 북한의 지도자 김일성이 죽으면서 회담은 이루어지지 못했습니다. 그리고 드디어 2000년 6월, 남한의 김대중 대통령과 북한의 김정일 국방위원장의 만남이 성사되었어요. 남북이 화해와 협력을 위한 정책을 꾸준히 펼친 결과였습니다.

남과 북의 정상회담은 2007년 노무현 대통령 때에도 이루어졌어요. 노무현 대통령은 처음으로 남북 군사분계선을 걸어서 넘어간 대통령이 되었습니다. 서로를 이해하고 가까워지기 위해서 남북이 대화를 지속하다 보면 통일의 그날도 멀지 않을 것입니다.